Frank Bonkowski

IKIGAI

Dein Grund, morgens aufzustehen

Wie du rausfindest, warum du da bist

Brendow
Verlag | Alles, was Sinn macht!

Bibliografische Information der Deutschen Nationalbibliothek
Die Deutsche Nationalbibliothek verzeichnet diese Publikation in der Deutschen Nationalbibliografie; detaillierte bibliografische Daten sind im Internet über http://dnb.d-nb.de abrufbar.

ISBN 978-3-96140-040-9

Einbandgestaltung: Brendow Verlag, Moers
Titelfoto: fotolia lakalla; fotolia Aris Suwanmalee
Satz: Brendow Web & Print, Moers
Druck und Verarbeitung: Harfe Verlag und Druckerei GmbH, Rudolstadt
Printed in Germany

www.brendow-verlag.de

Inhalt

III. Es gibt viele Gründe, liegen zu bleiben – ganz viele Ausreden

IV. Creatio ex nihilo – Zum Schluss noch mal zurück zum Anfang

Einleitung

Warum bist du heute aufgestanden? Weil du musstest, obwohl du eigentlich lieber liegen geblieben wärst? Oder konntest du es kaum erwarten, diesen Tag zu beginnen, Neues zu entdecken, etwas zu tun, was dir wichtig ist, was dir guttut und nebenbei sogar diese Welt ein kleines Stückchen besser macht?

Gibt es eigentlich so etwas wie „den Sinn des Lebens"? Eine Aufgabe, die nicht unbedingt leicht ist, aber die dir eine unglaubliche Freude, Energie, eben einen echten Sinn schenkt? Die Japaner haben ein Wort für das, was dich morgens aus dem Bett steigen lässt. Sie nennen es „Ikigai". „Ikigai" ist dieses Gefühl, dass dieser Tag heute wichtig ist. Dass es etwas Neues gibt, das auf dich wartet. Dass du da draußen einen Job zu erledigen hast.

Mein Freund Bastian hat vor gefühlt hundert Jahren, als zarter 16-Jähriger, eine Ausbildung in einem Verlag absolviert. Dort ist er bis heute als Magazin-Designer tätig. Bastian ist inzwischen 58 und hasst es, jeden Morgen in die Bahn zu steigen und einen weiteren Tag mit einer Aufgabe, die ihm seit 30 Jahren überhaupt keinen Spaß mehr macht, vor der Nase zu haben. Seit ich ihn kenne, sehnt Bastian den Tag seiner Rente herbei.

Christine hat vor acht Jahren einen gut bezahlten Job gekündigt und sich als Hochzeitsplanerin selbstständig gemacht. „Wieso gerade Hochzeitsplanerin?“, frage ich sie. „Da hast du doch nur mit gestressten Leuten zu tun, die möglichst wenig Geld ausgeben wollen und gar nicht nachvollziehen können, wie viel Arbeit du investierst, um ihren Tag zu etwas Besonderem zu machen.“

„Manchmal schon, aber ...“, beginnt sie ihre Antwort, und jetzt leuchten ihre Augen. „Ich darf Menschen an einem der wichtigsten Tage ihres Lebens begleiten. Ich darf dafür sorgen, dass er unvergesslich und einfach wunderschön wird – und außerdem noch in ihr Budget passt.“

Bruce war Teil unseres Leitungsteams. Eines Tages fuhren wir gemeinsam zu einem Gabentest, den eine dieser Megachurches in den USA veranstaltete. Als wir anschließend bei einem Kaffee sitzen – man trinkt auf diesen christlichen Zusammenkünften immer irre viel Kaffee –, da hat Bruce einen ehrlichen Moment. „Wisst ihr was?“, sagt er mit traurigem Gesichtsausdruck. „Ich mache bei uns in der Kirche seit 25 Jahren den Kinderstundenonkel – jeden Sonntag. Alle denken, dass mir das Spaß machen würde, nur weil ich mich so gut in der Bibel auskenne. Aber ganz ehrlich? Ich hasse Kinderstunden. Ich mache das nur, weil sich sonst niemand freiwillig meldet. Mich nerven kleine Kinder. Ich würde so viel lieber mit Intellektuellen über Theologie diskutieren. Davon gibt es bei uns in der Gemeinde aber leider nicht so viele.“

Giuseppe habe ich in einem kleinen Dorf in Süditalien kennengelernt. Er ist 92 und wird jeden Morgen in seinem

Rollstuhl vor das Haus geschoben, in dem er mit seiner Familie lebt. Von dort aus lächelt er Leuten zu, begrüßt jeden fröhlich, der vorbeikommt, und hat immer einen witzigen Spruch auf den Lippen. „Es ist mir wichtig, Menschen das Gefühl zu geben, gesehen zu werden", erzählt er mir.

Meine Frau Loretta hat vergangene Woche mit ihrer Band in einer Kneipe in Lübeck vor ganzen 15 zahlenden Zuschauern gespielt. Es war ein warmer Frühlingsabend, von denen es bei uns im hohen Norden nicht so viele gibt, und der Veranstalter hatte vergessen, dass direkt um die Ecke zeitgleich eine bekannte Band einen Auftritt hatte. Während ich noch ausrechnete, ob die Gage wenigstens die Fahrtkosten decken würde – 75 € geteilt durch vier Musiker sind 18,75 € pro Kopf – gab meine Frau auf der Bühne einfach Vollgas. Das macht man nämlich, wenn man das gefunden hat, was einem Freude, Energie und Sinn schenkt.

Wer sein Ikigai findet, der lebt, arbeitet und fühlt anders. Besser. Die Alternative, die Bastian und Bruce erleben, ist dagegen unglaublich langweilig und freudlos – selbst wenn es nach außen hin eventuell sogar erfolgreicher wirkt.

Ich weiß, dass Begriffe wie Lebenssinn, Berufung und Ikigai bei vielen Menschen Ängste auslösen und Fragen aufwerfen. Ängste wie die, von anderen ausgelacht zu werden, wenn man seinem vermeintlich „unrealistischen" Traum folgt. Fragen zu Finanzen, zur Verantwortung für die Familie. Außerdem kommen einem sofort all die Dinge in den Kopf, die man schon einmal ausprobiert hat – und bei denen man fürchterlich auf die Nase gefallen ist …

… und trotzdem, und trotzdem haben wir alle diese Sehnsucht und Hoffnung in uns, dass es das wirklich geben könnte: den Grund, warum wir hier sind. Etwas, das nur wir schaffen können.

Vielleicht können die nächsten Seiten ja einen Prozess in Gang bringen, der dich dieser Hoffnung näherbringt. Ich würde mich ehrlich für dich freuen.

I. Was bedeutet Ikigai?

Das Dr.-Jekyll-und-Mr-Hyde-Syndrom

Ich bin kein Frühaufsteher. Ich liebe meine Kinder, aber wenn morgens um 6 Uhr der Wecker klingelt, um mich lautstark daran zu erinnern, dass ich heute an der Reihe bin, um ihr Frühstück und die Lunchpakete für die Schule fertig zu machen, dann fallen mir tausend Gründe ein, weiter zu schlafen.

Aber natürlich bin ich pflichtbewusst genug, trotzdem aufzustehen: Das Wohlergehen meiner Kinder liegt mir schließlich am Herzen, und meine Frau und ich haben zusammen entschieden, dass – obwohl sie inzwischen alt genug sind, das selbst hinzubekommen – es für Jubilee, Lukas und Kasey wichtig ist, dass wir sie morgens in den Tag begleiten und sie rechtzeitig aus dem Haus und zur Schule treiben. Unsere drei Teenager sind nämlich auch keine Fans der frühen Stunde.

Wenn es tatsächlich so sein sollte, dass eines Tages eine Trompete erschallt und Jesus wiederkommt, wird es irgendwo auf diesem Planeten früh am Morgen sein. Sollte das bei uns der Fall sein, werde ich natürlich aufstehen. Ich werde nicht viel sagen, und es wird ein bisschen dauern, bis ich freudig grinse, aber ich werde da sein. Solange keiner von mir erwartet, dass ich vor 9 Uhr ein angeregtes Gespräch mit ihm führe und dabei auch noch lächele. Gemeinsam singen werden wir in dem Fall auch hoffentlich erst später. Hab ich mich deutlich genug ausgedrückt? Ist alles klar? Ich bin kein Frühaufsteher.

Doch es gibt eine Ausnahme: den Sonntag! Da klingelt der Wecker um 7 Uhr, und selbst, wenn ich den Abend vorher auf einer Party verbracht habe und nicht ausgeschlafen bin, wirst du mich wenige Momente später – mit einem Kaffeebecher in der Hand – fröhlich pfeifend in mein Büro verschwinden sehen, wo ich mein Predigtmanuskript durchgehe und mich darauf vorbereite, vor den Leuten in meiner Gemeinde zu stehen und Geschichten zu erzählen.

Meine Frau nennt es das „Dr.-Jekyll-und-Mr-Hyde-Syndrom". Wie kann sich ein mürrischer Griesgram sonntagmorgens in einen fröhlichen, freundlichen, singenden Menschen verwandeln? Ganz einfach: Ich liebe es, Geschichten zu erzählen. Ich predige für mein Leben gerne!

Ich hatte vor ein paar Jahren mal so richtig mit Depressionen und Burnout zu kämpfen. Nicht die Sorte, bei der man sich ein bisschen müde fühlt und nur mal einen etwas längeren Urlaub braucht. Nein. Schlimmer. Nichts ging mehr. Nichts machte mehr Spaß. Keine Meetings, keine Musik, keine Gespräche mit Leuten, die meinen Rat wollten. Meistens lag ich total erschöpft auf der Couch und habe versucht, die Welt um mich herum zu ignorieren. Es gab nur eine Ausnahme: vor Leuten zu stehen und über Dinge zu sprechen, die mir wichtig sind (Manche nennen das auch „predigen"). Irgendwie hat mir das immer etwas Energie zurückgegeben.

In dieser Zeit habe ich vieles aufgeben müssen: mich mit Menschen zu treffen, Besprechungen zu halten und sogar Musik zu machen. Alles Dinge, die mir bislang eigentlich Spaß gemacht hatten und die zudem ein wichtiger Teil meiner Arbeit als Pastor waren. Doch in dieser Phase haben sie mich nur noch geschlaucht. Außer dem Predigen. Ich kann das gar nicht genau erklären. Aber anschließend hatte ich immer ein bisschen was von der Energie zurück, die mir in dieser dunklen Zeit so gefehlt hat.

Ich schreibe diese Sätze übrigens, während ich in einem Café sitze. Hinter mir liegen drei Jugendcamps, während denen ich 37 Spiele geleitet, 14 Lieder gesungen, 11 Besprechungen moderiert und etliche Einzelgespräche geführt habe. Ich bin hundemüde – und glücklich. Ich darf das machen, was ich mag. Ich bin ein alter Sack von 52 Jahren, aber Kinder und Jugendliche hören mir immer noch gerne zu, wenn ich anfange zu erzählen.

Es gibt Dinge, für die du geschaffen bist. Die dich aus dem Bett hüpfen lassen. Die Japaner haben ein Wort für dieses Phänomen: „IKIGAI"! Ikigai (jap. „Lebenssinn") bedeutet frei übersetzt „das, wofür es sich zu leben lohnt", „die Freude und das Lebensziel", oder, salopp ausgedrückt, „das Gefühl, etwas zu haben, für das es sich lohnt, morgens aufzustehen". (Quelle: Wikipedia)

Ich mag dieses Wort. IKIGAI. Nicht nur, weil es cooler klingt als das geläufige Wort „Berufung", mit dem ich aufgewachsen bin, sondern auch, weil es so etwas Frisches, Positives hat.

Ich bin zum ersten Mal darauf gestoßen, als ich einen TED Talk (TED Talks sind Vorträge, die nicht länger als 18 Minuten dauern dürfen und die im Internet hochgeladen werden) von Dan Buettner gehört habe. Dan erzählt darin, wie er mit seinem Team für die sogenannte Danish-Twin-Study Gegenden untersucht, in denen es eine besonders große Anzahl von Über-100-Jährigen gibt, die auch in diesem Alter noch ein erfülltes Leben haben. Seine Idee war es, von den Menschen dort zu lernen, was ihr Geheimrezept für ein langes und erfülltes Leben ist.

Diese Gegenden, die sie „Bluezones“ nennen, befinden sich unter anderem in

- Sardinien, wo Brot, Käse und Rotwein anscheinend wie ein Zaubertrank wirken;
- Okinawa, einer Inselgruppe ca. 1.500 Kilometer nördlich von Tokio entfernt, wo die Menschen so alt werden, dass Worte wie Rente oder Pension nicht zum gängigen Sprachschatz gehören;
- Loma Linda, Kalifornien, wo besonders viele Adventisten wohnen;
- Ikaria, einer kleinen Insel in Griechenland, wo jeder Dritte 90 Jahre alt wird, es wenige Krankheiten und praktisch keine Demenz gibt.

Der Grund, dass die Menschen in den Blue Zones so lange leben, hat, so Buettner, zu weniger als 25 % mit den Genen zu tun. Es sind vor allem vier Dinge, die dafür verantwortlich sind.

1. Natürliche Bewegung
Körperliche Tätigkeiten wie Arbeiten im Garten, Stufen steigen, auf dem Fußboden sitzen oder Kinder tragen prägen den Alltag der Menschen.

2. Gute Ernährung
Mit Ausnahme der Sardinier essen alle Genannten wenig Fleisch und viele selbst angebaute Produkte.

3. Intensive Beziehungen
In den Blue Zones leben Jung und Alt meist eng zusammen.

Bei den Okinawa z.B. steht die Gruppe von Menschen, mit der man durchs Leben gehen wird, schon bei der Geburt fest.

4. Die eigene Berufung leben

Wenn du dein Ikigai kennst, lebst du laut dieser Studie im Schnitt sieben Jahre länger, und das auch noch besser.

Stell dir ein Leben vor, in dem du dich schon beim Aufwachen auf deinen Tag freust. Und das nicht, weil etwas Besonderes ansteht – kein Geburtstag, kein Urlaub. Nein, nur ein ganz normaler Tag. Aber trotzdem bist du so aufgeregt, dass du es kaum erwarten kannst, endlich aus dem Bett zu springen.

Was Buettner bei diesen Menschen beobachtet, ist schlicht Ikigai – dass diese Leute den Grund ihres Daseins entdeckt haben. Dass sie auch in den profanen Pflichten ihres Alltags etwas Besonderes, Heiliges erkennen können, und es dementsprechend mit Würde tun.

Wenn du aus einem jüdischen oder christlichen Hintergrund kommst, bist du Teil einer Tradition, in der der Gedanke, dass wir Menschen eine Berufung haben, nicht neu ist. Die Bibel bzw. die Thora beginnen mit einem poetischen Text, in dem die ersten Menschen von Gott eingeladen werden, ihre Begabungen zu leben und kreativ zu sein, um diese Welt schöner und besser zu machen. Der erste Satz über jeden Menschen – und damit auch über dich – lautet: „Du bist gewollt und begabt."

Die Okinawa, von denen ich eben erzählt habe, sind überzeugt: Wenn du dich auf die Suche nach deiner Bestimmung machst, nach dem, was dein Leben erfüllt und lebenswert macht (deinem Pfad, deiner Aufgabe, deiner Berufung – egal, wie du es nennst), wird dein Leben dadurch reicher und eine tägliche Quelle der Freude sein.

Dan Büttner gibt zwei Beispiele aus ihrer Kultur: Ein 100-jähriger Fischer, der noch dreimal pro Woche fischen geht, sagt stolz: „Mein Ikigai ist es, meine Familie mit meiner Arbeit zu ernähren."

Auf die Frage, wie es sich anfühlt, ihre Groß-Groß-Groß-enkelin im Arm zu haben, sagt eine resolute 102-Jährige stolz: „Es fühlt sich an, als würde man in den Himmel springen!"

Was lernen wir daraus?

- IKIGAI muss nicht zwangsläufig nur deine Karriere betreffen.
- IKIGAI zieht sich durch alle Aspekte deines Lebens: Hobbys, Beziehungen, Karriere, Spiritualität usw. Es umfasst dein gesamtes Dasein.
- IKIGAI kann einem nicht aufgezwungen werden, es muss etwas sein, das wir für uns entdecken. Es geht nicht darum, jemanden zu kopieren oder jemand zu werden, der wir nicht sind.

Also – warum stehst du jeden Morgen auf? Bei dieser Frage geht es nicht in erster Linie um die nächste große Idee, die die Welt verändern wird – obwohl das durchaus im Rahmen des Möglichen ist –, sondern vielmehr um dein alltägliches Leben. Die Aktivitäten, die dir Freude bringen, dir inneren Frieden schenken. Die dir helfen, so oft wie möglich ganz und gar in der Gegenwart zu leben.

Neugierig geworden, wie man so etwas findet? Ich möchte dir in diesem Buch Geschichten erzählen. Geschichten aus meinem Leben, Geschichten von Freunden und ein paar Geschichten aus der Bibel. Diese haben eines gemeinsam: Alle handeln sie von Menschen, die sich auf den Weg gemacht haben, ihr Ikigai zu finden – oder die zumindest nicht schreiend weggelaufen sind, als ihr Ikigai sie gefunden hat.

Falls du dir das für dein Leben wünschst, einen Grund, morgens erwartungsvoll aus dem Bett zu springen, dann habe ich für den Anfang sieben Fragen an dich:

1. Was liebst du?
Das ist hoffentlich eine Frage, die du leicht beantworten kannst.

2. Was braucht diese Welt gerade?
Du kannst es dir jetzt natürlich leicht machen und einfach die Antwort geben, die Mrs oder Mr Universe auch geben würden: Weltfrieden. Oder (auch immer eine gute Option): Hunger und Armut auf der Welt besiegen. Stimmt: Es gibt eine Vielzahl unglaublich großer Probleme, und es ist durchaus möglich, dass du die richtige Person bist, um eines davon zu lösen. Aber vielleicht reicht es ja für den Anfang auch eine Nummer kleiner? Meine Freundin Christine würde auf die Frage einfach antworten: „Diese Welt braucht besser organisierte Hochzeiten!" Und sie hätte völlig Recht.

3. Kann ich davon leben?
Finanzen sind wichtig. Nicht für jeden Traum kannst du von jetzt auf gleich alles hinschmeißen. Vor allem nicht,

wenn Menschen von dir abhängig sind. Aber wenn du etwas liebst und die Welt es wirklich braucht, gibt es garantiert Menschen, die bereit sind, dafür zu bezahlen.

4. Was kann ich gut?
Talente hat jeder. Es mag sein, dass du lieber andere hättest. Es mag sein, dass du etliche Dinge ausprobieren musst, um herauszufinden, was du eigentlich kannst. Es mag sein, dass du dich ausbilden lassen musst, bevor du deine Talente einsetzen kannst. Die Musiker, die du bewunderst, haben höchstwahrscheinlich mal Musikunterricht genommen. Das sind erstmal abschreckende Gedanken, aber eines kann ich dir versprechen: Es lohnt sich.

Das sind die vier Fragen, denen Dan Buettner nachgeht. Ich habe auf meiner Suche noch drei weitere Fragen gefunden:

5. Will meine Lebensgeschichte mir vielleicht etwas sagen?
Jeder von uns hat eine individuelle Geschichte. Wir alle erleben Glücksmomente. Wir alle erleben Schicksalsschläge. Wenn du beginnst, auf diese Momente zu hören, können sie dich zu deinem Ikigai führen.

6. Ist das gerade dran? Muss ich das tun? Entspricht das meinen Werten?
Meine Freunde Mike und Jane sind mit Mitte 50 noch einmal Eltern von Teenagern geworden. Eigentlich waren sie gerade dabei, Pläne für ihren Ruhestand zu machen, in dem sie vor allem viel reisen wollten. Dann starb ein befreundetes Ehepaar, die Kinder im Teenageralter hinterließen. Mike und Jane haben feste Werte, und für sie war klar, was

das Richtige war: Sie adoptierten die Kinder ihrer Freunde. Diese wurden während der nächsten Jahre zu ihrem ganz besonderen Grund, morgens aufzustehen.

7. Was nervt dich?
Was macht dich traurig? Was ärgert dich? Vielleicht hast du ja schon mal gestöhnt: „Jemand sollte echt mal ..." – und irgendwann gemerkt, dass du ja dieser „jemand" sein könntest!?

Diesen Fragen wollen wir in den nächsten Kapiteln nachgehen.

II.

Auf der Suche nach meinem Ikigai

Wir sind unser ganzes Leben
auf der Suche nach unserem Ikigai.
Rob Bell

1. Was liebst du?

Kurz, nachdem ich bei der Bethel Baptist Church in Sechelt, Kanada, meinen ersten Vollzeitjob als Pastor angetreten hatte, traf ich auf den 82-jährigen Stuart, der im Großen Saal der Kirche auf einem wackligen Stuhl stand, um die Glühbirnen zu wechseln. Als ich ihm helfen wollte, sagte er nur freundlich: „Nein, lass mal, ich kümmere mich gerne um unser Gemeindehaus. Da weiß man am Ende des Tages, dass man etwas Produktives gemacht hat.“ Später habe ich herausgefunden, dass Stuart eine der erfolgreichsten Lebensmittelketten Kanadas aufgebaut hat, die er für eine ordentliche Stange Geld an den Milliardär James Peterson verkaufte. (In dessen Biographie werden Stuarts Können und seine Ausstrahlung übrigens ausführlich beschrieben.)

Mehr als all diesen Erfolg liebte Stuart es, in seiner kleinen Gemeinde zu handwerkeln. Er hätte in feinen Klamotten auf teuren Partys mit wichtigen Managern und Politikern zusammen abhängen können, aber er hatte entdeckt, dass er das einfache Leben mit ehrlicher Arbeit und einfachen, ehrlichen Menschen mehr liebte. In diesem Kapitel möchte ich von Menschen erzählen, die das leben, was sie lieben.

Mamas Küche und Gaddafis Tisch

Auf einer Tagestour in Kalabrien entdeckten wir, auf der Suche nach einem Restaurant, einen ganz besonderen Ort.

Wir waren einem Pfeil auf einem alten Schild gefolgt, aber als wir auf dem Parkplatz ankamen, sah es zunächst gar nicht aus, als ob man in diesem „Restaurant“ etwas zu essen bekäme. Wir gingen durch einen großen Saal, und meine Kinder versuchten mich davon zu überzeugen, zurück zum Auto zu gehen, weil sie es peinlich fanden, in einem fremden Haus herumzulaufen und die Bewohner zu fragen, ob das ein Restaurant sei.

Doch dann öffnete sich uns eine Tür zu einem Garten, und dort sahen wir Leute an Plastiktischen sitzen und Rotwein trinken. Jemand begrüßte uns auf Italienisch – wir waren tatsächlich in einem Restaurant gelandet. In einem ganz besonderen sogar, auf einem großen Bauernhof nämlich, wo die Oliven und der Wein, die dort serviert wurden, selbst angebaut worden waren.

Im Garten stand ein riesiger Grill, auf den der italienische „Papa“ gerade Reisig schmiss. Bis zum Essen dauerte es noch, weil es erst 20 Uhr war und wir noch viel zu früh dran waren.

Wir wurden zwar gefragt, was wir haben möchten, aber bekommen haben wir dann doch etwas ganz anderes – nämlich das, was „Mama“ gerade kochte bzw. was „Papa“ gerade grillte. Aber das war in Ordnung, weil dort einfach alles unglaublich gut schmeckte. Zum Nachtisch gab es Geburtstagskuchen, weil der Enkel gerade 13 geworden war und am Nachbartisch mit seinen Kumpels feierte.

Als wir langsam loswollten und ich merkte, dass ich doch ganz schön viel Rotwein getrunken hatte, kam „Papa“ mit gegrilltem Fisch vorbei, den er eigentlich für die 22-Uhr-Gäste vorbereitet hatte. Den mussten wir natürlich auch noch probieren. Und dazu gab es seinen selbst angebauten Weißwein. Er zeigte auf sich, dann den Wein, und ich verstand, dass er mächtig stolz auf sein Werk war. Also, „Salute“ und nochmal „Hoch die Gläser“.

Wir sind inzwischen öfter auf diesem Hof gewesen, und eines Abends wurde uns Francesca vorgestellt, die 20 Jahre in Köln gearbeitet hat, bevor sie einen älteren Herrn, Giovanni, heiratete und wieder zurück nach Italien zog. Giovanni ist ein Jugendfreund von „Papa“, dem Besitzer. Mit ihr als Übersetzerin wurde die Kommunikation deutlich einfacher. Am nächsten Abend, an dem ein besonderer Fisch serviert wurde, aßen wir nicht mehr an einem eigenen Tisch, sondern gemeinsam mit der Familie und deren Freunden. „Papa“, von dem wir nun wussten, dass er Bonifazio heißt, erzählte, wie er jahrelang in Libyen gearbeitet und dort mit Gaddafi an einem Tisch gesessen hatte. Nachdem er genug Geld verdient hatte, ist er nach Hause gekommen und hat sich seinen ganz eigenen Traum erfüllt: Er hat in seinem Heimatdorf eine Farm gekauft und mit seiner Frau Liza ein Restaurant eröffnet. Inklusive Hotelbetrieb. „Hier könnt ihr sehr günstig übernachten. Wollt ihr mal unsere Zimmer sehen?“

Zwei Monate später wohnten wir für ein paar Tage dort, und ich bekam mit, dass das, was uns so leicht und spielerisch erschien, harte Arbeit ist. Bonifazio lief morgens schon um 5 Uhr durch den Garten, und das, nachdem am Tag zuvor eine Party mit 20 hungrigen Gästen stattgefunden hatte, die erst kurz vor 2 Uhr morgens nach Hause gegangen waren. Seine Frau Liza tat mir immer ein bisschen leid. Ich habe sie fast nie woanders als in ihrer Küche angetroffen. Das hat auch meine Frau gesehen und sie einmal darauf angesprochen. Da strahlte die alte Dame aber nur:

„Mi piace cucinare – Ich liebe es zu kochen. Ich könnte das den ganzen Tag lang tun."

Wenn man außerhalb der Saison dort ist, kann es passieren, dass man mit einem 82-jährigen Witwer, einem pensionierten Priester, einem schüchterneren Junggesellen und einem Mann, der in einer einsamen Berghütte lebt, am Tisch sitzt. Da wird gelacht und getrunken und gefeiert, und irgendwann merkt man, dass die Menschen an diesem Tisch die einzige Familie sind, die sie haben. Das macht diese Party heilig und unglaublich wichtig.

Liza und Fazio haben das gefunden, was sie lieben. Das kann irre anstrengend sein, aber sie leben ihren Traum.

Matsche, Kunst und viel zu viel zu tun

Meine Tochter Jubilee hat es schon als Kind gemocht, im Matsch zu spielen und Dinge aus der schleimigen Masse zu formen. Später waren es Bleistifte, Ölfarben, Musikinstrumente und Graphic Tablets.

Jubilee liebt es, sich künstlerisch auszudrücken.

Wie so viele Künstler hat sie depressive Phasen, und es ist ihre Kunst, die sie in solchen dunklen Momenten begleitet, tröstet und ihren Gefühlen Ausdruck verschafft.

Dass sie später mal Kunst studieren würde, war uns allen klar, obwohl natürlich viele Argumente dagegen sprechen. Zum Beispiel Frage #4: „Kann man damit Geld verdienen?" Irgendwann fiel die Entscheidung, dass sie an die Universität Calgary in ihrem Heimatland Kanada gehen würde. Kanadische Kunsthochschulen sind nicht unbedingt günstig, also musst du nebenbei eine Menge arbeiten. Die Anforderungen sind unglaublich hoch, weil Kunst in Kanada einen hohen Stellenwert besitzt. Deshalb schiebt meine Tochter im Moment häufig 7-Tage-Wochen.

Heute Morgen kam eine WhatsApp, gegen 5 Uhr ihrer Zeit. Ein Bild von einem vollgestapelten Schreibtisch: Arbeitsblätter, angefangene Bilder, Laptop, Graphic Tablet. Darunter die Worte: „Hab gerade meinen ersten All-Nighter hinter mir."

Ich: „Sieht aus, als ob du eine Menge zu tun hast im Moment." (06:16)

Jubilee: „Ja, und das ist nur ein Bruchteil. Das College ist unglaublich stressig. Ohne den ganzen Druck würde es noch mehr Spaß machen." (06:17)

Ich: „Du bereust aber nichts, oder?" (06:18)

Jubilee: „Ich bin mir absolut sicher, dass ich am richtigen Ort bin." (06:19)

Wenn du das findest, was du liebst, kannst du mehr Stress aushalten, als du jemals für möglich gehalten hättest.

Charley, der Busfahrer, und meine Suche nach Kartoffelchips

Vor etlichen Jahren musste ich, für meine Verhältnisse viel zu früh, auf einem Flugplatz sein, um von Vancouver nach Calgary zu fliegen. Ich war schon damals ein richtiger Morgenmuffel, der vor 9 Uhr und ohne genug Espresso eigentlich nicht zu genießen war.

An besagtem Morgen, quasi nachts, musste ich um 4:30 Uhr aufstehen, um rechtzeitig in Vancouver zu sein. Es war gegen 7:30 Uhr, als ich aus meinem Auto torkelte, um mich von einem Shuttlebus zum Check-in befördern zu lassen.

Es war einer dieser grauen, kalten Herbsttage. Die Sonne war klüger als ich und hatte sich noch nicht blicken lassen, und ich war echt mies gelaunt.

Und dann kam Charley und änderte das. Ein großer Mann mit kurzen, grauen Haaren und muskulösen, tätowierten Oberarmen. Er begrüßte mich vom Fahrersitz des Shuttlebusses aus. Charley war der fröhlichste Shuttlebusfahrer, den ich je kennengelernt habe. (Wobei ich gestehen muss, dass ich kaum Shuttlebusfahrer kenne. Vielleicht sind die ja alle so gut drauf?)

Morgenmuffel mögen ja bekanntlich keine fröhlichen Menschen, aber dieser Mann hatte eine unaufdringliche Freude. Mit einem „Isn't it a wonderful day to be alive?", nahm er mir meinen Koffer ab und stellte ihn in den Kofferraum.

Dann sammelten wir weitere schläfrige Reisende auf. Innerhalb von 15 Minuten schaffte unser Fahrer es, uns so freundlich zu begegnen, dass kurz darauf zwölf zuvor verschlafene Passagiere gutgelaunt und vor sich hin summend auf ihre Schalter zugingen.

Charley hatte gar nicht so viel gemacht. Aber er war einer dieser Leute, von denen es viel zu wenige gibt, die ihren Job total gerne und mit Leidenschaft machen. Der Mann liebte, was er da tat.

Wie anders ist es, wenn jemand ohne Freude seinen Job erledigt. Wenn man eine Verkäuferin im Supermarkt fragt, wo die Kartoffelchips stehen, und die so tut, als hätten sie keine mehr, einfach nur, weil sie keine Lust hat, zu helfen. Wenn man auf dem Amt abgewimmelt wird, weil man an den falschen Beamten geraten ist, der schon längst keinen Bock mehr darauf hat, Menschen weiterzuhelfen.

Oma hat mich auf die Pedale treten lassen

Alle Mädchen in unserer Jugendgruppe lieben Arjos. Das liegt unter anderem daran, dass Arjos, der älteste Sohn einer syrischen Einwandererfamilie, eine tiefe Zufriedenheit ausstrahlt, weil er, mit gerade mal 16 Jahren, das gefunden hat, was er liebt.

Arjos will Designer werden. Als alle Jungs in seiner Klasse Technisches Werken gewählt haben, saß er mit den Mädchen im Textilkurs. Das scheint jetzt, mit 16, eine coole Idee zu sein, aber damals war Arjos 11 und musste sich blöde Witze von den Jungs anhören, dass die Mädchen noch zwei Jahre brauchen würden, bis sie endlich hübsch wären.

Während andere Teenager Selfies posteten, postet Arjos Bilder von Dingen, die er genäht hat.

Diese Woche wird in seiner Schule ein Theaterstück aufgeführt, für das Arjos die Kostüme entworfen und zum Teil selber gefertigt hat. Während die meisten Menschen heutzutage immer später herausfinden, was sie mit ihrem Leben machen möchten, ist Arjos eine Ausnahme. Aus seiner Leidenschaft ist längst das geworden, was einmal sein Beruf sein wird.

Ich hab ihn gefragt, wo diese Leidenschaft für das Nähen eigentlich herkommt. „Als ich klein war, waren meine beiden Omas häufig bei uns. Die saßen ganz oft an unserem Küchentisch, mit ihren Nähmaschinen, und haben Kleider gemacht. Am Anfang wollte ich einfach Zeit mit ihnen verbringen. Ab und zu haben sie mich dann das Pedal der Maschine treten lassen. Das hat Spaß gemacht. Also hab ich gefragt, ob ich noch mehr helfen darf. Da haben sie mir Nähen beigebracht."

Gemeinschaft – Beobachten – Mitmachen: Manchmal ist die Entdeckungsreise zu dem, was man liebt, ganz einfach. Und dann stören einen nicht einmal blöde Sprüche.

Was liebst du? Welche Tätigkeiten geben dir Energie? Es gibt die Theorie, dass der ideale Job zu 80 % aus Tätigkeiten bestehen sollte, die einem Spaß machen, und zu 20 % aus Tätigkeiten, die man tun muss, um die 80 % machen zu können. Ich weiß nicht mehr genau, woher die Zahlen kommen, aber ich weiß, dass es sich lohnt, einfach mal alle Dinge zu benennen, die man gerne tut. Und auch die Dinge, die dir schwerfallen. Wenn man das macht, kommt man seinem Ikigai ein gutes Stück näher.

2. Was braucht diese Welt gerade?

„Pastor, du bist der Einzige, der uns retten kann!"

Shahrokh Schwerin, ein Flüchtling

Endlich war der Abendgottesdienst vorbei. Ich hatte mich trotz einer Grippe in unsere Kirche geschleppt, Musik gemacht und dabei zwei afrikanische Gäste interviewt und übersetzt. Kennst du das, wenn Sachen, die du ansonsten kaum bemerkst – zum Beispiel schreiende Babys –, dir plötzlich total laut vorkommen, weil du unglaubliche Kopfschmerzen hast? Außerdem waren die Antworten meiner Gäste jeweils gefühlte 15 Minuten lang, und ich musste mich beim Übersetzen unglaublich konzentrieren, um das Gesagte halbwegs korrekt wiederzugeben.

Als wir endlich fertig waren, saß ich vor zwei iranischen Flüchtlingen, Shahrokh und Somayeh. Die beiden schauten mich flehend an, weil sie unglaubliche Angst hatten, abgeschoben zu werden. Für sie gleichbedeutend mit einem Todesurteil. Sie hofften darauf, von uns Kirchenasyl zu bekommen, da sie das als ihre einzige Chance sahen, zu überleben.

„Pastor, du bist der Einzige, der uns retten kann!"

Echt, ich? Ich bin doch nicht Gott, und in diesem Moment fühlte ich mich überhaupt nicht wie jemand, der irgendjemandem helfen kann. Eigentlich wollte ich nur ins Bett. Eigentlich wollte ich nur nach Hause ins Bett.

Aber manchmal fällt einem sein Ikigai vor die Füße.

Manchmal wird man gerufen – oder berufen –, und die Frage ist nur, ob man den Auftrag annimmt.

An diesem Abend war ich nicht nur überfordert, weil ich krank und müde war. Sondern auch mit der Anfrage der beiden. Ich kannte die Geschichte von Shahrokh und Somi. Ich hatte sie ein paar Monate vorher, direkt, nachdem sie aus Teheran hierher geflohen waren, getauft. Wir hatten zusammen gefeiert und geweint, zusammen blöde Sprüche gerissen und gebetet. Ich hatte viel gelesen über ihren Fall und war überzeugt, dass in ihrem Fall Kirchenasyl wirklich nur die allerletzte Option sein könnte. Ich wusste wirklich nicht, wie ich den beiden helfen könnte.

„Passt auf", sagte ich schließlich. „Ich komme euch am Mittwoch im Flüchtlingsheim besuchen. Dann machen wir einen Plan. Ich weiß, ihr habt vielleicht nicht mehr viel Zeit, aber ich brauche ein paar Tage zur Vorbereitung, und ich muss sehen, wie ihr da lebt."

Der Besuch am Mittwoch würde in den nächsten Monaten mein Grund werden, morgens aufzustehen.

Teheran – Rom – Hamburg – Schwerin

Somayeh (Somi) geht es im Iran eigentlich ganz gut. Ihre Familie ist wohlhabend, ihre Arbeit als Make-up Artist macht ihr Spaß. 2016 wird sie von einer Freundin zu einem christlichen Glaubenskurs eingeladen, und nach reiflicher Überlegung findet sie die Jesus-Geschichte so anziehend, dass sie sich entscheidet, Christ zu werden.

Das ist im Iran aber nicht erlaubt. Kurze Zeit später trennt sie sich von ihrem Verlobten, den sie mehrmals zu ihrem Kurs eingeladen hatte, in der Hoffnung, dass ihm der christliche Glaube bei seinen Drogenproblemen helfen könnte.

Ein paar Monate später lernt sie Shahrokh kennen. Die beiden verlieben sich und heiraten, und auch er wird Christ. Über Instagram erfährt der Ex-Verlobte von der Hochzeit und entschließt sich, die beiden bei der Polizei anzuzeigen. Tatbestand: Teilnahme an einem christlichen Glaubenskurs, Evangelisation und Glaubenswechsel. Diese Dinge sind im Iran illegal, und es droht die Todesstrafe.

Das Ehepaar flieht kurz nach ihrer Hochzeit in ein Versteck und verbringt dort die Flitterwochen. Somayeh wird aufgrund des Leidendrucks krank und kann nicht mehr schlafen.

Nach drei Wochen besorgt ein Freund ihnen ein falsches Visum für Italien, und die beiden fliehen über Rom, wo sie als Flüchtlinge registriert werden, nach Hamburg. Sie haben gelernt, dass man als Christ möglichst die Wahrheit sagt, also geben sie brav an, dass Italien ihr erster Aufenthalt in Europa war, und bekommen den Stempel in ihre Papiere, den sie gar nicht haben wollen. Das sollte später noch Konsequenzen haben.

Am 04.08.2017 holen iranische Freunde sie in Hamburg ab, von wo aus sie über Neumünster in ein Flüchtlingsheim in der Nähe von Schwerin gebracht werden.

Ihre Freundin Rozianak, mit der Somi zusammen in Teheran im Glaubenskurs war, ist gemeinsam mit ihrem Mann Hadi seit zwei Jahren Teil unserer Kirche. Durch sie lernen wir Somi und Shahrokh kennen.

Valentinstag in Schwerin

Am Mittwoch, den 14.2.2018, fahren mein Freund Reinhard, Shahrokhs Freund Hadi und ich wie versprochen nach Schwerin zum Flüchtlingsheim. Ich will den beiden Mut zusprechen und mir selbst ein Bild der Verhältnisse dort machen – und herausfinden, ob Kirchenasyl tatsächlich eine Option sein könnte.

Nach einer guten Stunde erreichen wir das Flüchtlingsheim, das in einer ehemaligen Kaserne außerhalb von Schwerin untergebracht ist. Wir stehen vor einem Tor, klingeln und müssen uns bei einem jungen Mann ausweisen, der eher an einen Rausschmeißer bei einem Rockkonzert erinnert als an den Mitarbeiter eines Asylantenheimes.

Als Shahrokh zum Tor kommt und uns abholt, werden unsere Personalausweise gegen Besucherausweise eingetauscht, und wir dürfen in Richtung Wohnheim aufbrechen.

Mir fällt auf, dass wir im Inneren kaum Menschen sehen. Die meisten bleiben auf ihren Zimmern. Einziger gemeinsamer Aufenthaltsraum ist eine Kantine, die an einen Klassenraum aus den 60er-Jahren erinnert. Stahltische und Stühle, nicht ein einziges Bild an der Wand. „Hier essen wir dreimal am Tag. Wir dürfen nicht selbst kochen."

Nachdem wir uns pflichtgemäß nochmal im Gebäude angemeldet haben, gehen wir über leere Flure zum Zimmer der beiden. Shahrokh erklärt, dass die Flure abgeriegelt werden, wenn die Polizei nachts Flüchtlinge abholt. Vor dem Zimmer sitzen zwei Kinder auf Stühlen, mitten im riesigen Flur, und spielen auf dem Handy. „Das ist der einzige Ort, wo das WLAN funktioniert", erklärt unser Gastgeber.

Auf dem Zimmer treffen wir Somajeh. Ein Doppelbett, ein Metallschrank, ein kleiner Tisch, zwei Stühle und ein Wasserkocher. Somajeh umarmt mich und lässt mich lange nicht los. Es gibt Tee. Wieder ist da dieser Druck im Magen, dass ich ihre einzige Hoffnung bin, und wieder fühle ich mich total hilflos.

Wir beratschlagen, was zu tun ist, und beschließen, als Erstes Informationen vom Sozialamt einzuholen. Also machen wir uns gemeinsam auf nach Schwerin. Das Amt habe keine Sprechstunde, sagt man uns bei unserem spontanen Besuch, aber auf unser Drängen hin, dass wir doch von so weit angereist seien, bekommen wir zehn Minuten mit einer Sachbearbeiterin.

Was wir erfahren, ist nicht das, was wir hören wollen.

Bis zum 1.6.2019 dürfen Somi und Shahrokh, aufgrund des Dubliner Abkommens, jederzeit nach Italien abgeschoben werden. „Wahrscheinlich passiert das nicht morgen, aber die Gespräche mit Italien haben bereits stattgefunden, und es ist nur eine Frage der Zeit." Ob Kirchenasyl eine Möglichkeit wäre, darf die Dame nicht beantworten, aber sie gibt uns zwei Adressen von Kirchen hier in der Gegend, die das gemacht haben.

Kurze Beratung. Was erzählen wir Somi und Shahrokh, die nichts verstanden haben und nervös und ängstlich sind? Wir entscheiden uns für die Wahrheit. Während Reinhard den Pastor einer Freikirche in Ludwigslust anruft, der 80 Flüchtlingen Asyl gewährt hat und gerade mit einem Burnout im Bett liegt, erzähle ich ihnen vom Ergebnis unserer Besprechung.

Nach etlichen Telefonanrufen und Gesprächen entwickelt sich ein Plan. Wir brauchen als Erstes einen Brief von einem Anwalt, der belegt, warum Italien unzumutbar wäre für ein christliches Paar aus dem Iran. Shahrokh erzählt, dass die Salafisten dort gut vernetzt sind und sofort erkennen, wer aus politischen und wer aus religiösen Gründen dort sei. Vom Islam „abgefallene" Christen haben sie fest im Visier. Selbst in diesem europäischen Land droht Lebensgefahr.

Zweitens brauchen wir einen Brief vom Migrationsbeauftragten unseres Gemeindebundes.

Die Aufgaben werden verteilt, und weil jetzt erst mal nichts mehr zu tun ist, beschließen wir, in die Stadt zu fahren und etwas zu essen.

Schwerin erscheint mir so ganz anders als der Rest Deutschlands. Wir treffen in den nächsten drei Stunden genau drei Ausländer, und die haben wir selbst mitgebracht.

Wir suchen uns ein deutsches Restaurant aus, finden fünf Plätze und sitzen die ganze Zeit über alleine in unserer Ecke. Vielleicht ein Zufall. Vielleicht auch nicht. Aber wir haben Spaß. „Ab und zu ist es wichtig, Urlaub von den Problemen zu nehmen", grinse ich Somajeh zu. „Salamati! Prost."

Danach gehen wir uns noch Schwerin angucken. Das Witzige ist, dass Shahrokhs Nachname „Schwerin" ist.

„Das da vorne ist also dein Schloss?"

„Oh ja!"

Als ich kurz alleine neben Somi laufe, frage ich, ob sie sich das eigentlich so vorgestellt hat, als sie vor einem Jahr Christ geworden ist, ob sie sauer ist auf Gott und ihren Glaubenswechsel bereut.

„Nein, sauer bin ich nicht. Aber verstehen kann ich das einfach auch nicht."

Dann kommt es, mein Highlight dieses kurzen Besuches. Ich entdecke einen Blumenladen, nach dem ich schon zwei Stunden Ausschau gehalten habe. Es ist nämlich Valentinstag. Also rein in den Laden und Blumen kaufen. Ich kaufe Blumen für meine eigene Frau und zusätzlich eine für Shahrokh, damit er etwas hat, das er Somi schenken kann. Shahrokh freut sich, doch statt sie Somi einfach zu übergeben, kniet er sich – mitten im Laden, inmitten all des Leids und der Ungewissheit – vor sie hin und sagt: „Ich würde dich jederzeit wieder heiraten!"

Ich sage Shahrokh noch einmal, wie stolz ich auf ihn bin, wie er für seine Frau kämpft, und dann fahren wir nach Hause, wo die beiden wieder ins Flüchtlingsheim müssen.

Warum erzähle ich diese Geschichte? Man hat manchmal diese romantische Vorstellung, dass, wenn man seinem Ikigai folgt, alles einfach wäre. Das ist es aber nicht. Nicht für mich, der sich berufen fühlte, den beiden beizustehen, und *ganz und gar nicht* für Somi und Shahrokh, deren Glaube zu ihrem Ikigai geworden ist. Aber entlang dieses oft schwierigen Weges gibt es immer wieder Hoffnungspunkte. Momente, die uns inmitten der Schwierigkeiten daran erinnern, dass wir auf dem richtigen Weg sind. Dass es einen Unterschied macht, ob wir dranbleiben, für uns und für andere.

Solche Momente geben dir genug Hoffnung, um weiterzukämpfen, wenn alles aussichtslos erscheint. Und solch einen heiligen Moment durften wir in dem Blumenladen in Schwerin erleben. Ich weiß, dass die beiden ihn in schwierigen Stunden immer wieder hervorgeholt haben.

Was braucht die Welt gerade?

Für mich und Reinhard ist nach dem Besuch in Schwerin klar, dass wir dranbleiben müssen. Wir wissen, dass wir ein gutes Team sind, und das gibt uns Mut. Reinhard ist ein sehr organisierter Mensch, und ich kann gut mit Menschen kommunizieren.

In den nächsten Tagen trifft er sich also mit Rechtsanwälten und Behörden, und ich informiere und leiste Überzeugungsarbeit, um Leiter in meiner Gemeinde zu überzeugen, den beiden Kirchenasyl zu gewähren. Als ich endlich genug Stimmen habe – ich war inzwischen wirklich unruhig, weil die beiden jeden Moment abgeholt werden konnten –, zögern wir nicht und holen Shahrokh und Somi zu uns.

Ich liebe es, vor Menschen zu sprechen, und werde dabei selten nervös, aber als ich am Sonntag vor meiner Gemeinde stehe, um ihnen zu erzählen, was wir getan haben, zittern mir doch ein bisschen die Knie. Die Aktion kostet uns ungefähr 500 Euro im Monat. Für eine kleine Freikirche unglaublich viel Geld. Dann die Angst, was die Leute in der Stadt darüber denken würden. Der organisatorische Aufwand. Und, und, und.

Was dann geschieht, berührt mich sehr. Nachdem ich unsere Entscheidung bekanntgegeben habe und unsere Kirchenasylanten nach vorne hole, um ein Gebet zu sprechen, steht die Gemeinde geschlossen auf und applaudiert. Innerhalb von zwei Minuten haben wir genug Freiwillige zusammen, die aus einem Zimmer im Jugendheim unserer Gemeinde eine Wohnung machen. Matratzen, Kühlschrank und eine Waschmaschine werden gespendet.

Ich war unglaublich stolz, Teil von diesem Haufen zu sein.

Mir ist anschließend immer wieder die Frage gestellt worden, ob ich garantieren könne, dass wir keinen Ärger bekommen und dass die Aktion ein Erfolg wird.

Wenn Gott, das Universum, oder woran immer du auch glaubst, dir eine Berufung vor die Füße legt, dann ist es eher unwahrscheinlich, dass du das Endresultat schon zu Beginn sehen kannst. Aber wenn du immer wartest, bis alle Risiken aus dem Weg geräumt sind, ist es höchst unwahrscheinlich, dass du dein Ikigai finden wirst. Das heißt nicht, dass du dich nicht informieren sollst über mögliche Risiken, aber: „no risk, no fun."

Während ich das hier schreibe, weiß ich immer noch nicht, ob die beiden hierbleiben können oder doch irgendwann nach Italien oder in den Iran abgeschoben und umgebracht werden. Aber eines weiß ich: Diese Aktion hat ihnen die Hoffnung zurückgegeben. Die Chancen hierzubleiben sind gestiegen. Das Gewähren von Kirchenasyl hat uns als kleine Freikirche unglaublich zusammengeschweißt. Wir haben inzwischen Foren eingerichtet, auf denen Menschen sich ganz praktisch beteiligen können. Wöchentliche Gemeinschaftsaktionen, Frühstück, Partys, Gesprächsgruppen und Arbeitseinsätze sind entstanden. Die Leute aus der Gemeinde streiten sich fast, wer für die beiden einkaufen gehen kann, weil sie ja das Grundstück nicht verlassen dürfen. All das tut uns gut.

Neulich bekam ich eine Nachricht von einem Freund, der in Schwerin beim Bundesamt für Migration und Flüchtlinge arbeitet – und zufällig auch für diesen Fall verantwortlich ist. Die Nachricht begann mit „Ich habe gerade

Post von dir bekommen“. Ich wusste nur, dass mein Kumpel Beamter ist, aber nicht, dass er beim BAMF arbeitet – geschweige denn, dass er für Fälle wie unseren zuständig ist. Ich bin von meiner Persönlichkeit her eher ein skeptischer Typ, aber bei solchen „Zufällen“ fange selbst ich an, an Wunder zu glauben.

Shahrokh hat mir neulich erzählt, dass er häufig seinen Schwiegervater im Iran anruft, der ihn dann anschreit, dass er kein richtiger Mann sei, weil er seine Frau nicht vernünftig schützen könne. „Gestern habe ich wieder mit ihm telefoniert, und er hat nicht geschrien, sondern nur erzählt, dass er es von seiner Religion her nicht gewohnt ist, dass man Menschen hilft, die man eigentlich gar nicht kennt. Er ist schwer beeindruckt von dem, was hier passiert.“ Somi geht es inzwischen viel besser. Seit sie bei uns ist, schläft sie nachts endlich wieder durch.

Wie gesagt, manchmal fällt dir dein Ikigai vor die Füße, und nicht du findest deine Berufung, sondern sie findet dich. Keiner von uns hat als Kind geplant, später mal Flüchtlingshelfer zu werden. Aber diese Welt braucht Menschen, die flexibel genug sind, auf das zu reagieren, was gerade dran ist. Gefragt sind Flexibilität und Risikobereitschaft. Du kannst nicht wissen, ob am Ende alles so ausgeht, wie geplant. Aber es wäre tragisch, es deswegen nicht zu versuchen. Denn dann läufst du Gefahr, dein Ikigai zu verpassen.

3. Kann ich davon leben?

Wer der Meinung ist, dass man für Geld alles haben kann, gerät leicht in den Verdacht, dass er für Geld alles zu tun bereit ist.

Benjamin Franklin

„Norm Strauss ist ein echter Musiker von Kopf bis Fuß!"[1]

Geld oder Ikigai – was würdest du wählen, wenn du dich zwischen diesen beiden Dingen entscheiden müsstest? Im Frühling 2016 hat mein Freund Norm Strauss sich in Deutschland bei „The Voice of Germany" einen Namen gemacht. Ein Millionenpublikum war begeistert von den Fähigkeiten dieses sympathischen (ehemaligen) kanadischen Holzfällers, der sein Publikum mit seiner Stimme, seiner Gitarre und seinen Geschichten so unglaublich begeistern kann.

Was nur wenige Zuschauer wussten, war, dass Norm Mitte der 90er Jahre in Nordamerika ein gefragter Worshipleiter war, der gut davon leben konnte, während christlicher Konferenzen vor Tausenden Besuchern gesungene Gebete vorzutragen. Das gemeinsame Singen war ein wichtiger Teil dieser Veranstaltungen, und hierfür brauchte man fähige Lobpreisleiter, die für die richtige Stimmung sorgten.

Natürlich sang Norm „für Gott" und „um den Menschen

1 Stefanie Kloß, Frontsängerin der Band Silbermond und Coach bei "Voice of Germany"

zu dienen", aber gleichzeitig machte es etwa Ego, dass Menschenmassen sich von ihm anleiten ließen und ihn anhimmelten wie einen Popstar. Ganz nebenbei stimmte auch die Bezahlung der Auftritte, und der CD-Verkauf natürlich sowieso. Die ganze „Show" war ein lukratives Geschäft. Norm war mittendrin, er hatte ein paar echte Worshiphits geschrieben, die bis heute weltweit in Kirchen gesungen werden. Er war ein gefragter Mann.

Doch dann, eines Abends, mitten in einer Konferenz – Norm ist 44 und hat eine sechsköpfige Familie zu ernähren –, schmeißt er hin.

„Ich habe an dem Abend realisiert, dass das nicht mehr zu mir passte. Diese Subkultur der großen, charismatischen Events, der prophetischen Superstars, der Worship-Music-Promis samt dieser superheiligen Atmosphäre begannen mich zu irritieren. So sehr, dass ich jeden Abend meinen ganzen Willen zusammennehmen musste, um es überhaupt in das Gebäude zu schaffen. Das war für mich das Zeichen, dass es dran war aufzuhören."

Statt vor Tausenden zu spielen, sind es heute kleine Konzerte in Kneipen und Wohnzimmern, vor 30 bis 100 Leuten. Das war für ihn am Anfang natürlich gewöhnungsbedürftig, aber er hat bald gemerkt, dass er sich genau dort musikalisch zu Hause fühlte. „Das ist es, was ich wirklich bin: ein Storyteller, der mit seiner Gitarre Geschichten erzählt. Das werde ich tun, bis sie mich im Rollstuhl ins Altersheim schieben. Und dort mache ich direkt weiter. Es hat eine Weile gebraucht, aber ich habe jetzt meine Berufung gefunden." Von seinen Auftritten kann Norm gut leben, auch wenn sein Einkommen nicht mehr ganz so üppig ist wie früher.

Jetzt, in der Rückschau, mehr als zehn Jahre später und zu einem Zeitpunkt, an dem man sagen kann, dass es geklappt hat, hört sich diese Geschichte relativ unspektakulär an. Aber für die Familie war es anfangs beinahe traumatisch. Plötzlich war die finanzielle Sicherheit einfach weg, und es hat Norm viel Mut gekostet, sich für sein Ikigai und gegen sein sicheres Einkommen und den Ruhm zu entscheiden. Hättest du ähnlich verständnisvoll reagiert wie Norms Frau Loralee? Zwischen seinem Ausstieg aus der christlichen Musikszene und dem Aufbau einer erfolgreichen Solokarriere lagen mehrere Umzüge, ernste finanzielle Schwierigkeiten und schlecht bezahlte Arbeit als Verkäufer von Musikinstrumenten.

Norms Geschichte hat ein Happy End. Sogar ein finanzielles. Das ist nicht zwangsläufig immer so. Manchmal gibt es für deine Berufung nicht den passenden Beruf, das passende Publikum, die passende Bezahlung.

Nicht jede Berufung ist automatisch ein Beruf, von dem man leben kann. Wenn du für dein Ikigai bezahlt wirst, ist das ein unglaubliches Geschenk.

Dein Ikigai führt also nicht immer zu Ruhm und Reichtum. Ein anderer Freund von uns hat sein ganzes Leben lang einen einfachen Job am Fließband gehabt, um genug Energie zu haben, seiner eigentlichen Berufung nachzugehen: nämlich sich um Menschen zu kümmern, die einsam sind. Das war sein Ikigai. Mike hat sich mit Menschen getroffen, die sonst niemanden hatten, die am Rande der Gesellschaft standen und nicht dazugehörten. Er war hochgradig intelligent, hätte alles Mögliche studieren können. Aber er hat sich anders entschieden – und war wirklich glücklich mit dieser Entscheidung.

Das Problem ist, dass uns von unserer Umwelt suggeriert wird, dass man nur glücklich sein kann, wenn man berühmt und schön ist. Das beste Beispiel dafür sind Casting-Shows. Man kann darüber denken, was man will, aber die Aussage, die bei vielen Zuschauern ankommt, lautet: Schön, reich, berühmt = glücklich. Das wirft natürlich die Frage auf, ob weniger schöne, weniger reiche, weniger bekannte Menschen nicht auch etwas finden können, das sie ausfüllt und glücklich macht.

Abstimmung auf der Konfirmandenfreizeit

Am vergangenen Wochenende habe ich während einer Wochenendfreizeit mit einer Gruppe Jugendlicher genau über dieses Thema diskutiert. Frage 4 auf dem Themenzettel der Freizeit lautete:

„Du musst dich zwischen diesen beiden Optionen entscheiden:

Option 1: Du wählst einen Beruf, der dich ausfüllt: der dir Spaß macht und bei dem du das Gefühl hast, etwas zu tun, das diese Welt besser macht. Nachteil: Du verdienst nicht viel Geld.

Option 2: Du wählst einen Beruf, der dir zwar keinen Spaß macht und dich nicht ausfüllt, aber dafür richtig gut bezahlt ist.

Was würdest du wählen?"

Das Ergebnis unserer kleinen Abstimmung: 11 x Geld – 2 x Ikigai.

Ich glaube, dass die Antworten ähnlich ausfielen, wenn

man sie Erwachsenen stellen würde. Schade. Denn es ist immer besser, sich für sein Ikigai zu entscheiden statt für ein dickes Bankkonto. Wieso? Hier einige Gründe!

Wenn Arbeit zur Folter wird

Ich habe mal irgendwo gelesen, dass die Nazis sich für Gefangene eine besondere Foltermethode ausgedacht haben. Die Häftlinge wurden gezwungen, morgens auf einer Seite des Lagers ein Loch zu graben und die Erde auf die andere Seite des Camps zu schaffen. Irgendwann am späten Nachmittag kam dann der Befehl, die Erde zurück zum Loch zu schaffen und es wieder zuzuschütten. Am nächsten Tag die gleiche Prozedur. Immer wieder, jeden Tag: Loch buddeln, Erde wegbringen, Erde zurückholen, Loch wieder zuschütten.

Absolut sinnlos.

Das war nicht nur harte körperliche Arbeit, sondern auch eine psychische Folter. Ein großer Teil der Arbeiter ist verrückt geworden, viele haben sich das Leben genommen.

In jedem von uns steckt der Wunsch, etwas zu tun, das Sinn macht. Irgendetwas in uns sehnt sich danach, am Ende des Tages etwas geschafft zu haben, das die Welt besser macht. Tut deine Arbeit das? Hast du am Ende des Tages das Gefühl, etwas getan zu haben, das das Leben auf diesem Planeten schöner macht? Oder hast du nur Erde hin und her getragen?

Der Preis des Reichtums

Zusammen mit ein paar Freunden habe ich vor einiger Zeit auf einem Kongress in Frankfurt die amerikanische Pastorin Nadia Bolz-Weber gehört. Dort hat sie die biblische Geschichte des äthiopischen Finanzministers erzählt, der sich auf seiner Suche nach dem Sinn des Lebens von Philippus, einem der ersten Christen, den christlichen Glauben erklären und taufen lässt. Das Spannende an dieser Erzählung ist, dass dieser Minister ein Eunuch war. Angeblich war es in seinem Kulturkreis damals üblich, dass Männer, wollten sie in hohe Positionen gelangen, sich freiwillig kastriert haben, weil man sie in dem Zustand für weniger bestechlich hielt. Kastriert, mit einem scharfen Messer. Freiwillig. Ich denk mir das nicht aus.

So ein „Einschnitt" hat dich reich gemacht, aber dafür musstest du natürlich auf einiges verzichten. Nicht nur auf das Offensichtliche, du warst auch von zahlreichen religiösen und sozialen Tätigkeiten ausgeschlossen, wie z.B. jüdischen Gottesdiensten.

Als wir nach dem Vortrag draußen einen Kaffee tranken, zeigte jemand auf die riesigen Frankfurter Finanztürme am Horizont. „Diese Männer, die jeden Morgen aus ihren hübschen Häusern am Stadtrand in ihren schicken BMWs in diese Türme fahren und den ganzen Tag in irgendwelchen wichtigen Besprechungen sitzen ... Ich überlege gerade, was die sich alles haben abschneiden lassen, um so ein Leben zu führen!?"

Dann folgte eine Diskussion, dass wir die BMWs und die dicken Häuser zwar auch ganz gerne hätten, aber den

Druck und die mangelnde Freiheit, die mit diesen Stressberufen kommen, so gar nicht brauchen könnten.

„Ich habe es satt, blöd im Kreis herumzufahren"

Niki Lauda

Wir alle kennen den Begriff „Burnout". Burnout ist eine Krankheit, die häufig von Überanstrengung herrührt. Aber es ist nicht immer Überanstrengung. Ein weiterer Killer deiner Lebensenergie kann Eintönigkeit sein. Langeweile, immer dasselbe, immer die gleichen Bedingungen, alles vorhersehbar – das ist genauso schädlich wie Überbeschäftigung!

Bei der Verleihung des Grammys für ihr erstes Album erklärte die Sängerin Adele, erst einmal vier, fünf Jahre Pause machen zu wollen. Sie war müde, weil jeder Tag gleich geworden war.

Mit nur 25 Jahren erklärte Biathlonweltmeisterin Magdalena Neuner ihren Rücktritt – auf dem Höhepunkt ihrer Leistungsfähigkeit! „Ich fühle mich fremdgesteuert und will endlich leben."

Wir hatten mal eine kaputte Klingel. Wenn man die „falsch" gedrückt hat, blieb der Knopf stecken, und die Klingel ging in einer Tour. Super nervig. Obwohl sie eigentlich einen wunderschönen Ton hatte. Aber selbst der schönste Ton, ohne erkennbaren Rhythmus, kann furchtbar unangenehm werden.

Ein Leben ohne Höhepunkte, das sich immer nur im Kreis bewegt, kann zur Tortur werden. Geld, Macht und Ansehen sind sicher angenehm, aber Ikigai ist etwas, das dich vor Freude aus dem Bett springen lässt, das dir Sinn und Erfüllung gibt.

4. Was kannst du gut?

Er weiß, dass seine Musik keine Tiefe hat,
Aber er kann sich nicht helfen.
Er hat nichts Interessantes zu sagen,
Also schreibt er über sich selbst.

Aber er will nicht selbstbesessen erscheinen,
Also schreibt er in der dritten Person,
Um mehr wie Rock'n'Roll zu erscheinen,
Aber er nimmt an, das funktioniert auch nicht.

Tief im Herzen weiß er,
Dass er nie Bono oder Bowie sein wird,
Selbst wenn er in engen Hosen gut aussehen würde,
so wie Kiley.

Er weiß, dass er
Immer ein Rock'n'Roll-Nerd bleiben wird.
Aber er hört nicht auf, Lieder zu schreiben, die keiner hören will,
Und er hört nicht auf, Songs zu schreiben, obwohl niemand sie jemals hören wird.
Du magst ihn nicht, aber das ist ihm egal,
Denn er will rocken, und davon wird niemand ihn abhalten[2]

---

2 Aus: Tim Minchin – Rock'n'Roll Nerd (Übersetzung von mir, F.B.)

Es gibt Dinge, die man liebt, obwohl sie nie erfolgreich sein werden

Tomaten

Jedes Jahr pflanze ich Tomaten, obwohl ich ein unglaublich mieser Gärtner bin. Ich kann ganz gut kochen und liebe es, aus meinen Tomaten etwas zu kreieren, das schmeckt. Es hat für mich etwas Spirituelles, wenn etwas entsteht, das vorher nicht da gewesen ist. Ich mag den Geruch, ich mag das Ernten, sogar mit den Händen im Dreck zu buddeln finde ich klasse. Aber wenn meine Frau, die gärtnern kann, sie nicht jedes Jahr retten würde, gäbe es keine Ernte. Trotzdem kaufe ich im Frühling Erde, Samen und Pötte. Denn ich will pflanzen, und davon kann mich niemand abhalten.

Gospelchöre

Ich bin vor ein paar Jahren zu einem Konzert eines weißen Gospelchores eingeladen worden. Ich war skeptisch. Ich liebe Gospel, aber bin echt kein Fan von Chormusik, besonders der weißen, bei der im Schlagertakt auf eins und drei geklatscht wird. Aber mein Bekannter hatte so nett gefragt – und ich weiß aus eigener Erfahrung, wie es sich anfühlt, wenn man vor leeren Stühlen Musik macht –, dass ich mich habe breitschlagen lassen.

Meine Erwartungen waren also nicht besonders hoch. Und tatsächlich war der Abend keine musikalische Offenbarung. Aber ich muss zugeben, dass der Enthusiasmus und die Liebe zum Detail die mangelnde Musikalität fast wettmachten. Fast. Trotz der musikalischen Mängel hatte die Truppe so viel Spaß, dass sie sich hoffentlich niemals davon abbringen lassen, weiter Musik zu machen. Denn sie wollen rocken, und davon kann sie niemand abhalten.

Manche Dinge tut man nur für sich

Wenn du Dinge tust, die du liebst, ist Erfolg erst mal zweitrangig. Manchmal kann der Druck, erfolgreich sein zu müssen, dir sogar die Liebe und den Spaß an der Sache nehmen. Ich hätte zum Beispiel überhaupt keine Lust, vom Gärtnern leben zu müssen. Aber als Hobby ist es super, und manchmal sogar der Grund, der mich morgens aus dem Bett springen lässt.

Die Frage „Was kann ich gut? Worin bin ich erfolgreich?" sollte immer erst die zweite Frage sein, die man sich auf der Suche nach seinem Ikigai stellt. Die erste muss lauten: „Was liebe ich?" Selbst wenn du – wie ich beim Tomatenzüchten – später feststellst, dass das, was du liebst, nicht unbedingt das ist, worin du gut bist, ist es wichtig, diese Frage an den Anfang zu stellen.

Und erst, wenn du sie beantwortet hast, machst du den nächsten Schritt: „In welchen der Sachen, die ich liebe, bin ich auch gut?" Um dein Ikigai zu finden, muss beides zusammenkommen: Leidenschaft und Können.

Wie finde ich raus, ob ich etwas gut kann? Hier ein paar Tipps:

- Beobachte Menschen, die das, was du liebst, gut können.
- Frag jemanden, den du bewunderst, ob du einen Tag mit ihm oder ihr verbringen darfst, und stelle – wenn es passt – viele Fragen.
- Melde dich freiwillig, um bei etwas mitzumachen, das du spannend findest.
- Mache ein Praktikum.

Du folgst den Dingen, die dich faszinieren. Du zeigst Interesse, und du übst. Das ist der einzige Weg, um herauszufinden, was du gut kannst. Das gilt übrigens immer – egal, ob du jung bist, eine Familie ernähren musst oder sogar längst im Ruhestand bist. Nur, solange du in Bewegung bist, kannst du herausfinden, was du willst und was du kannst. Was dein Ikigai ist.

Was andere sagen ist wichtig, aber nicht immer die Wahrheit

Wie merkt man, ob man Talent hat? Vor ein paar Jahren hab ich als Betreuer eines Freizeitcamps ein schüchternes polnisches Mädchen kennengelernt. Sie war dort mit ihrer Schule auf Klassenfahrt. Zufällig hörten eine Lehrerin und ich, wie sie, als sie sich unbeobachtet fühlte, vor sich hin sang. Das klang richtig gut. Von alleine hätte sie sich nie getraut, aber wir haben sie dann fast bekniet, am nächsten Abend bei der Talentshow zu singen. Das hat sie auch gemacht – zum Glück. Sie bekam Standing Ovations, es war einfach zauberhaft. Jahre später reden wir immer noch über diesen magischen Moment, in dem der jungen Dame klar wurde, wie begabt sie ist. Begabungen werden oft von anderen entdeckt. Deswegen ist Lob auch so wichtig.

Aber Vorsicht: Lob kann auch falsch sein. In der Bethel Baptist Church in Sechelt, wo ich meine erste Vollzeitstelle als Pastor hatte, hat eine junge Frau während des Gottesdienstes regelmäßig ein Solo gesungen. Leider reichten ihre Gesangskünste höchstens für die eigene Dusche. Es klang immer schrill und war stets einen Ticken höher als das Piano. Das tat beim Zuhören weh, aber die Gemeinde war freundlich und lächelte aufmunternd und lobte sie gebührend, und so meldete sie sich immer wieder, wenn es darum ging, ein Solo zu übernehmen. Lob und Kritik sind wichtige Dinge, wenn du herausfinden willst, ob du Talent hast, aber eben nicht immer.

Nachdem ich über 20 Jahre von zu Hause weg gewesen bin, bin ich 2007 Pastor in meiner Heimatgemeinde geworden. Die Gemeinde hat sich seit meiner Kindheit stark verändert, aber noch immer sitzen dort Menschen, die mich von früher kennen und in mir den Teenager sehen, der Dinge getan hat, die man als Teenager eben so macht. Und dieser Teenager leitet heute die Gemeinde. Vielleicht kennst du den Spruch vom Propheten, der in seiner Heimat nicht ernst genommen wird …

Für mich war es – besonders am Anfang – wichtig, auch an anderen Orten in Deutschland zu predigen, um zu sehen, ob meine Art zu reden, die ich bislang nur in Kanada getestet hatte, auch hier ankam. Dafür wollte ich mich nicht auf die Rückmeldungen meiner Heimatgemeinde verlassen. Denn dort bekommt man nicht immer ein ehrliches Feedback.

Vielleicht musst du auch einfach mal aus deinem alten Umfeld ausbrechen, um herauszufinden, was du kannst.

Versagen kann dich frei machen

Die Bestsellerautorin J.K. Rowling, Autorin der Harry-Potter-Romane, war mal eine alleinerziehende, arbeitslose Frau. Sie litt unter Depressionen, weil sie sich zutiefst als Versagerin fühlte. Doch dann begann sie zu schreiben. 2008 hielt sie an der Harvard University eine Rede und sagte darin Folgendes:

„Versagen hieß für mich, mich auf das Wesentliche zu beschränken. Ich hörte auf, so zu tun, als ob, und habe meine ganze Energie dafür verwendet, endlich das zu tun, was mir am wichtigsten war. Wäre ich irgendwo anders erfolgreich gewesen, hätte ich wahrscheinlich nie die Entschlossenheit gefunden, mich völlig in das Schreiben hineinzugeben. Mein Versagen hat mich frei gemacht, weil meine größten Ängste Realität geworden waren und ich trotzdem noch lebte … und das Versagen ist das Fundament geworden, auf dem ich mein Leben aufgebaut habe."

Manchmal ist es tatsächlich ein Grund zu feiern, wenn du herausgefunden hast, was du nicht kannst. Denn dadurch kristallisiert sich das heraus, wohinein du deine Energien stecken solltest und was du am besten kannst.

Nimm Michael Jordan. Wusstest du, dass der vielleicht größte Basketballer aller Zeiten während der Highschool von seinem Trainer in die zweite Mannschaft verbannt worden ist? Der Coach war überzeugt, dass er nicht groß genug sei. Jordan soll daraufhin minutenlang auf das Blatt mit der Aufstellung gestarrt haben, weil er sich sicher ..., das Ganze wäre nur ein Fehler.

Als er enttäuscht und beschämt nach Hause kam, soll er vor Frust geweint haben. Zum Glück gab seine Mutter ihm den Rat, seinem Coach zu beweisen, dass der einen Fehler gemacht habe. Das soll Jordan so angespornt haben, dass er von da an noch mehr trainierte. Und der Rest ist Sportgeschichte!

Manchmal hilft ein Tritt in den Allerwertesten, um herauszufinden, wie gut wir wirklich sind. Versagen und Kritik können dich entweder dazu bewegen, dich auf das zu konzentrieren, was du wirklich kannst, oder dich motivieren, alles zu geben, um besser zu werden.

Bleib ein Lernender

Ich werde diese kleine unscheinbare Szene nie vergessen. Wir waren bei der Mutter meiner Frau zu Besuch. Lorettas Mutter und deren Schwester sind extrem christlich. Also war ich nicht verwundert, dass die beiden älteren Damen uns nicht nur zum Gottesdienst, sondern auch zu der Sonntagsschule für Erwachsene, die vorher stattfinden würde, einluden.

„Was ist denn eine Sonntagsschule für Erwachsene?“, stellte ich mich dumm.

„Da lernt man Dinge über die Bibel, und das ist wirklich sehr hilfreich“, meinte Tante Dello.

Ich hatte Urlaub und wirklich keinen Bock, aber ich ließ mich breitschlagen: „Alles klar, wir kommen dann morgen mit euch mit.“

„Oh, wir gehen da nicht mehr hin, wir sind alt und wissen schon alles, was man lernen kann.“

Ich weiß noch, dass ich am nächsten Morgen doch länger geschlafen habe. Aber ich hatte etwas Entscheidendes gelernt: Ich will jemand sein, der sich seine Neugier und sein Interesse sein Leben lang bewahrt und nie aufhört, dazuzulernen.

Warum entwickelt sich ein Bruce Springsteen mit Ende 60 immer noch weiter als Musiker?

Warum liest ein Bill Hybels gegen Ende seiner Karriere als Pastor immer noch jedes neue Buch über Leitung, das er in die Finger kriegen kann?

Warum lernt der amerikanische Aktivist Tony Campolo mit über 80, soziale Medien zu nutzen und reist immer noch um die Welt?

Die Antwort ist einfach: Sie lieben, was sie tun. Deswegen werden sie immer noch besser.

Ich fasse mal zusammen.

Schritt 1: Ikigai beginnt häufig mit einem Talent. Deine Umwelt bemerkt, dass du etwas gut kannst. Du bekommst Lob. Mit Sicherheit ein guter Indikator, dass da eine Berufung in dir schlummern könnte.

Ein bisschen Vorsicht ist geboten. Manchmal wird man auch unangemessen gelobt. Aber allgemein ein guter Start.

Schritt 2: Ob du etwas wirklich gut kannst, findest nur raus, wenn du ganz viel ausprobierst und ganz viele Fehler machst. Wichtig ist es, eine gute Mischung zu finden. Also nicht zu früh aufgeben, weil viele Begabungen einfach Zeit brauchen, sich zu entwickeln. Gleichzeitig sollte man auch feiern, wenn man herausfindet, dass etwas nicht sein Ikigai ist. Ausprobieren bringt Klarheit.

Schritt 3: Ich glaube, nur wenn du liebst, was du tust, wirst du auch den langen Atem entwickeln, dich weiterzuentwickeln.

Während ich dies schreibe, trainiert die deutsche Nationalmannschaft für die WM in Russland. Jogi Löw hat gerade Leroy Sané aus dem Kader gestrichen mit der Begründung, dass Talent allein nicht ausreicht. Ein eindrückliches Beispiel, dass es wichtig ist, sein Leben lang dranzubleiben und sich auch im hohen Alter noch zu verbessern.

5. Will meine Lebensgeschichte mir vielleicht etwas sagen?

Manchmal höre ich die Schritte meines Vaters – und das jagt mir Todesängste ein.

Marc Cohn

Es gibt Liedtexte die mich stark berühren. Der Song von Marc Cohn ist ein gutes Beispiel:

„Mein Vater war ein Arbeiter, der sieben Tage die Woche schuftete, aber nie fertig wurde. Der einzig freie Tag war Weihnachten, und da ist er dann vor dem Baum eingeschlafen."[3]

Du kannst die Einsamkeit der Familienmitglieder in dem Song fast greifen. Ein Vater, der aus Liebe alles tut, um seinen Kindern ein gutes Leben zu ermöglichen. Aber der Plan geht nicht auf, und am Ende fühlt sich jeder allein und müde.

Dass Marc Cohn nicht so leben möchte, wie er es bei seinen Eltern erlebt hat, ist ziemlich eindeutig. Und doch kommt es immer wieder mal vor, dass er sich genauso verhält wie sein alter Herr. An manchen Tagen kommt er

---

3 Marc Cohn, Rest for the weary, Album: The Rainey Season 1993 Atlantic Recording Corporation for the United States and WEA International Inc. for the world outside of the United States

kaum zum Durchatmen. Dann hört er die Schritte seines Vaters ... und das jagt ihm Todesängste ein.[4]

Deine Lebensgeschichte kann dir Ratschläge geben, wie du leben möchtest – und wie eben nicht.

Ich bin mit einem Geschwisterpaar befreundet, das in einem sehr strengen, fundamentalistischen Elternhaus aufgewachsen ist. Vielleicht kennst du diese religiösen Menschen, die dich böse anstarren, nur weil du dich über irgendetwas gefreut hast. Die hinter jeder Ecke Sünde, Unzucht und Hölle vermuten. Ich kann mich noch an den Moment erinnern, als wir mit der Jugendgruppe unserer Kirche auf dem Grundstück der Familie zusammensaßen und laut über irgendeinen Witz lachten. Plötzlich kam der Vater der beiden, der in einem Nebenzimmer gewesen war, herein und brüllte uns an, dass er uns „die Unzucht schon austreiben" würde. Das war irgendwie witzig, weil er wahrscheinlich der Einzige war, der Anfang der 80er das Wort „Unzucht" benutzte. Witzig für uns, aber nicht für seine Kinder Debora und Samuel. Denn diese Begebenheit war typisch für das, was sie zu Hause erlebten: Strenge. Gesetzlichkeit. Regeln. Und all das „im Namen Gottes".

Ein paar Jahre später passierte dann, was in solchen Situationen oft passiert. Debora wusste nur, dass sie nicht länger so religiös leben wollte, rebellierte, zog nach Hamburg

4 Now I'm just another traveller
On another winding road
I'm trying to walk some kind of line
I'm trying to pull some kind of load
Now sometimes I move real easy
Sometimes I can't catch my breath
Sometimes I see my father's footsteps
And man it scares me half to death

in eine WG und bewies, dass man ihr die Unzucht nicht wirklich ausgetrieben hatte: Sie wurde schwanger. Ich kann mich noch erinnern, wie der Vater sie daraufhin während einer Bibelstunde einmal als „Schlampe" bezeichnete, die „auf dem Weg in die Hölle" sei.

Samuel passte sich dagegen an, blieb aktiv in der Gemeinde, heiratete früh und bekam Kinder. Auch eine verständliche Reaktion.

„Wie willst du eigentlich leben?"

Ich habe etliche Freunde, die von Religion so geschädigt sind, dass sie mit dem ganzen „frommen Zeug" nichts mehr am Hut haben wollen. Das ist absolut nachvollziehbar. Problematisch ist das nur, wenn du an diesem Punkt steckenbleibst. Wenn du immer nur „anti" bist, dich nur über das definierst, was du nicht willst – und dabei die viel spannendere Frage nie stellst: „Was will ich eigentlich selbst?"

Meine Freunde haben sich dieser Frage zum Glück gestellt. Sie haben heute eine gute Beziehung zu ihren Eltern, obwohl sie beide ein anderes Leben führen, als sie es in ihrer Kindheit mitbekommen haben. Samuel lebt wesentlich konservativer als Deborah, aber bei Weitem nicht so fundamentalistisch wie der Vater. Er engagiert sich in seinem Dorf und im Leitungskreis seiner Kirche, Deborah erzieht ihre beiden Jungs, liebt Kunst und engagiert sich für die Umwelt. Beide haben die Rolle im Leben gefunden, die zu ihnen passt.

Wie kann meine Lebensgeschichte mir dabei helfen, mein Ikigai zu finden?

Lass mich dir kurz meine eigene Geschichte erzählen. Nach 17 Jahren als Pastor in Kanada bin ich krank und depressiv geworden. Lange Jahre auf der Kanzel, während denen mein Glaube unter ständiger Beobachtung stand, und all die Erwartungen der anderen, mich immer richtig und vorbildlich verhalten zu müssen, hatten mich krank gemacht. Zudem kamen mir immer mehr Zweifel an dem, was ich tagtäglich machte. Ich war mal angetreten, um möglichst viele Menschen vom Glauben an Jesus zu überzeugen, aber damals, in meiner depressiven Phase, war ich mir plötzlich nicht mehr sicher, ob das überhaupt eine gute Sache war. „Einige der fiesesten Menschen, die ich kenne, sind Christen“, war ein Satz, den du damals oft von mir gehört hättest. Ich war maßlos enttäuscht und hatte beschlossen, dass das, was die letzten 25 Jahre mein Ikigai gewesen war, nun Vergangenheit sein sollte. Ich quittierte meinen Dienst. „Nur noch dieser Abschlussgottesdienst, dann nie wieder Kirche“, sagte ich zu meiner Frau, während ich meine Bibel auf den Rücksitz unseres kleinen Trucks schmiss. „Nette Ideen in dem Buch, aber da hält sich ja sowieso niemand dran.“

Was mir letztendlich meinen Glauben gerettet hat, waren Christen, die in dieser schwierigen Zeit einfach für uns da waren. Die sich in den Wochen von meiner Kündigung bis zu unserem Umzug nach Deutschland liebevoll um uns gekümmert haben. Ganz ohne dass sie etwas von mir wollten. Packen, Haus renovieren, Essen vorbeibringen und noch vieles mehr. Später wurde mir klar, dass diese

Menschen der Grund waren, warum die Stimme „Christen sind alle fies und Jesu Lehren funktionieren heute nicht mehr“ in meinem Kopf immer leiser wurde. Ich habe daraufhin die Evangelien, also die Jesus-Biographien, noch einmal neu gelesen und plötzlich entdeckt, dass Jesus viel häufiger von sozialer Gerechtigkeit als von Bekehrungen gesprochen hat.

Also sind wir zurück nach Deutschland gezogen. Wir hatten total unterschätzt, wie schwierig das neue Umfeld für meine Frau und meine beiden älteren Kinder sein würde, die ja nur das Leben in Kanada kannten. Die kulturellen Unterschiede zwischen Kanada und Deutschland haben ihnen stark zu schaffen gemacht. Oft waren es Kleinigkeiten: Als wir einmal zu einem Familienfest eingeladen waren, haben meine Kinder zur Begrüßung einfach kurz „Hi“ in den Raum gerufen. Eine völlig ausreichende Begrüßung in Kanada. Aber nicht in Deutschland. Mit ernster Miene wiesen die Tanten sie darauf hin, dass sie ja wirklich unhöflich seien, weil sie nicht jedem die Hand geschüttelt hatten.

Ein anderes Problem war die Sprache. Leider hatte ich meinen Kindern nie Deutsch beigebracht, was vor allem in der Schule zu einem echten Problem wurde und sie zu Außenseitern werden ließ.

Kurze Zeit nach dem Umzug hat mein Sohn Lukas, damals fünf Jahre alt, den Glauben hingeschmissen und sich zum Atheisten erklärt. Der kleine Mann zerbrach fast an der Frage, warum es ihm so schlecht ging. „Entweder ist Gott allmächtig und will mir nicht helfen, weil er mich nicht mag, oder er kann nicht, dann brauche ich ihn auch nicht. Und wieso geht es den anderen, die nicht an ihn glauben, besser als mir?“ Mein Sohn und ich haben daraufhin jeden Abend gebetet, Gott möge sich doch irgendwie bemerkbar machen.

Als er das nicht tat – zumindest nicht so, wie wir uns das vorstellten –, wurde mir klar, dass Lukas einen Gott zum Anfassen brauchte. Erfahrung statt Theorie. Und ganz ehrlich, ich brauchte das auch. Also beschlossen wir, zusammen irgendwo hinzufliegen, wo es Menschen gibt, die arm oder schwach sind, weil Jesus gesagt hat, dass er sich gerade in solchen zu erkennen gebe. Wir haben uns also in Uganda auf die Gottsuche gemacht und ihn auch tatsächlich dort erfahren. Lukas hat das später einmal so ausgedrückt: „Den Kindern in Uganda ging es wirklich schlecht. Die hatten fast gar nichts und konnten trotzdem an Gott glauben. Dann will ich das auch versuchen."

Die Erfahrung hat bei uns beiden einiges geändert, was unseren Glauben angeht. Keine endgültige Bekehrung, wenn es sowas denn wirklich gibt, sondern einfach wichtige Schritte in die richtige Richtung.

Wenn ich ganz ehrlich bin, war noch ein Grund, warum ich nach Uganda fliegen wollte, die Tatsache, dass ich mir in der Rolle des abenteuerlustigen, etwas alternativen Pastors mit einem sozialen Gewissen ganz gut gefallen habe. Es tut dem Ego wirklich gut, wenn andere mitbekommen, dass man sozial unterwegs ist und etwas gegen Armut tut (wir sind mit einer Hilfsorganistaion dorthin geflogen und haben geholfen, ein Gebäude auf einem Schulgelände zu bauen). Diese Illusion über mich selbst hielt aber nur, bis ich Joseph und Stephen kennengelernt habe. Zwei junge Lehrer, die an der Schule arbeiteten, die unser Team besuchte. Joseph war ein junger Lehrer und Hobbymusiker und Stephen ein engagierter Pädagoge mit vielen frischen

Ideen, wie man besser unterrichten könnte. Beide wohnten 24 Stunden, sieben Tage die Woche, an dieser Schule und kümmerten sich um die Kinder dort.

Ich habe viel von den beiden gelernt. Ihre Liebe und Fürsorge für die Kleinen, um die sich sonst niemand Gedanken gemacht hat, haben mich fertig gemacht. Dagegen war mein „soziales Engagement“ in Afrika völlig belanglos.

Für mich war die Begegnung mit Stephen ein wichtiger Schritt, um mein Ikigai zu finden. Ich überlegte im Anschluss lange, warum mich diese Begegnung so berührt hatte. Fragen kamen auf:

„Was habe ich hier gelernt?“

„Was für ein Mensch will ich sein? Wie kann ich auch solch einen Unterschied für mein Umfeld machen“

„Was kann das für mein eigenes Leben bedeuten?“

Gerade die letzte Frage forderte mich heraus. Wie schnell verpassen wir die Chance, wirklich Konsequenzen aus solch einem Erlebnis zu ziehen. Fast jeder von unserer Reisegruppe ist durch diese wunderbaren Menschen berührt worden. Die meisten redeten davon, dass sie, wenn sie nach Hause kämen, weniger Geld ausgeben würden, um mehr spenden zu können. Bis sie am Flughafen am ersten Starbucks vorbeiliefen.

Ich wollte nicht, dass es bei mir auch so laufen würde. Und tatsächlich bekam ich bald die Chance, meine guten Vorsätze umzusetzen. Damals war ich wieder kurz davor, meinen Beruf als Pastor ein zweites Mal an den Nagel zu hängen. Ich hatte inzwischen wieder einen Job in einer kleinen Gemeinde im idyllischen Bad Segeberg gefunden. Und in meinen Predigten sprach ich häufig von dem, was mich die Krise in Kanada gelehrt hatte: dass soziales Engagement, die Sorge für andere, nicht nur nette Ideen Jesu waren, sondern dass wir als Christen sie auch praktizieren müssen. Aber das kam nicht überall gut an. Irgendwann hatte ich es satt, einer Gemeinde, die das gar nicht hören wollte, damit in den Ohren zu liegen. Also nahm ich mir vor, einfach selbst aktiv zu werden, anstatt anderen etwas aufzuschwatzen. Und diese Begegnung mit Joseph und Stephen hat mich endgültig bereit gemacht, wirklich tätig zu werden.

Die Chance zur Umsetzung meiner guten Vorsätze ließ nicht lange auf sich warten und hieß „Flüchtlingskrise". Eines Tages öffneten sich die deutschen Grenzen, und zahlreiche Syrer kamen in unsere Kirche. Auf einmal saßen jeden Sonntag Menschen in unserem Gottesdienst, die wir zwar nicht verstanden, aber die uns freundlich anlächelten und mit denen wir Espresso tranken. Irgendwie hatte ich das Gefühl, dass Gott uns da etwas Besonderes geschenkt hatte. Also haben wir spontan allerlei gemeinsame Aktivitäten initiiert: Essen, Tanzen, Gottesdienste, Kinderfeste, einen arabischen Kochkurs, Kulturfeste (z.B. ein deutsch-syrisch-iranisches Oktoberfest) und Multi-Kulti-Konzerte. Wir haben so ziemlich alles ausprobiert, um Menschen zusammenzubringen. Und die Arbeit trug rasch Früchte: Innerhalb eines Jahres hatte ich das Vergnügen, 250 Geflüchtete zu taufen. Nach jeder Taufe folgte eine Party mit einem gemeinsamen Essen, zu dem Menschen aus allen beteiligten Kulturen etwas beitrugen.

Oft wurde ich im Anschluss an so eine Taufe gefragt: „Kannst du denn sicher sein, dass dich kein Täufling anlügt und das nur macht, um leichter ins Land zu kommen?" Die Antwort? „Ist mir ehrlich gesagt ziemlich egal. Nicht egal ist mir, dass heute ein Tag ist, an dem wir zusammen feiern und den Menschen zeigen können, dass wir froh sind, sie bei uns zu haben."

Unsere Arbeit schlug Wellen, und bald wurde ich eingeladen, Vorträge zu halten. Eine beliebte Frage war die nach dem, was uns antrieb. Die Antwort fiel mir leicht: meine eigene Geschichte.

Wie vorhin erzählt, war es meinen Kindern und meiner Frau anfangs sehr schwergefallen, in Deutschland anzukommen. Wie sie weinend aus der Schule kamen, weil man sie wegen fehlender Deutschkenntnisse auf dem Schulhof ignoriert und für dumm gehalten hatte ... das tat weh. Ich weiß noch genau, wie ich mich in dieser Zeit über jeden gefreut habe, der freundlich zu meinen Kindern war, einfach nur so. Der sie ernst genommen hat. Die Erinnerung daran war, gemeinsam mit dem Wunsch, etwas Sinnvolles zu tun statt nur darüber zu predigen, der Auslöser dafür, dass es mir zu einem echten Herzensanliegen wurde, Menschen zu integrieren, ihnen Hoffnung zu geben, sie ernst zu nehmen. Ich konnte gar nicht anders. Kann es bis heute nicht. Die Arbeit mit Flüchtlingen ist zu meinem Ikigai geworden, und ich kann Bücher füllen mit diesem Thema.

Diese Arbeit ist nicht immer leicht. Die Beziehungen zu den Flüchtlingen sind manchmal schwierig, nicht alle sind Heilige. Wir haben in der Gemeinde Menschen verloren, auch Spender. Ich musste mich oft rechtfertigen für die Zeit und das Geld, das dabei draufgeht. Aber Menschen konkret helfen zu können, ihre Dankbarkeit zu erleben – das hat meinen Glauben neu bestärkt und mir die Freude an meinem Job zurückgegeben. Das ist der Grund, warum ich ihn immer noch nicht an den Nagel gehängt habe.

Die alte Frage, die mein Sohn mit Millionen anderen gestellt hat: „Warum lässt Gott das zu?“, ist total verständlich, aber führt nicht unbedingt zum Ziel. Die Frage „Was kann ich hier lernen?“, finde ich inzwischen spannender. Ich lerne, dass es sich lohnt, auf die Teile meiner Geschichte zu hören, die ich nicht verstehe. Besonders die schwierigen Abschnitte. Ich weiß, dass das nicht alles erklärt, aber so manches gewinnt dadurch einen echten Sinn.

Wie kann man aus seiner Geschichte lernen? Mir helfen dabei drei Stichwörter:

1. Reflektieren: Mir ist es mit zunehmendem Alter immer wichtiger geworden, mir die Zeit zu nehmen, das, was ich erlebe, zu reflektieren. Warum hat mich diese Erfahrung traurig gemacht? Warum werde ich immer sauer, wenn jenes passiert? Warum fühle ich mich nach einer bestimmten Erfahrung irgendwie lebendiger?

Hätte ich die Begegnung mit Joseph und Stephen nicht ausführlich reflektiert, hätte sie mich niemals so darin bestärken können, ebenfalls etwas Sinnvolles in meiner Umwelt zu beginnen.

2. Gespräche: Ich habe das große Glück, ein paar gute Freunde und Mentoren zu haben, bei denen ich das, was ich so erlebe, in Worte fassen kann und die mir noch einmal eine andere Perspektive schenken. Ich kann mich zum Beispiel an unzählige Gespräche mit meinem Kumpel John erinnern, in dessen Küche ich all meinen Frust verarbeiten konnte, den ich damals als Pastor in Kanada empfunden habe. Ich hab ihm hinterher erzählt, dass er von Gott die „Gabe des Saufens und Fluchens" bekommen habe. Seine unheilige Art hat mir enorm geholfen, ehrlich sein und die Masken ablegen zu können. Vielleicht wäre ich sonst an den Zweifeln zerbrochen.

3. Fragen: Es lohnt sich, sich immer wieder selbst zu hinterfragen: Was wollen mir meine Erlebnisse sagen? Was will ich nicht mehr? Was will ich eigentlich? Was für ein Mensch will ich sein?

Ich selbst wollte niemand mehr sein, der nur erzählt, statt etwas zu tun. Ich habe versucht zu verstehen, was die Erlebnisse in Kanada und Afrika mir sagen wollten. Und das hat mich zu meinem Ikigai hgeführt.

6. Werte: Ist das gerade dran? Muss ich das tun? Entspricht das meinen Werten?

Werte kann man nicht lehren, sondern nur vorleben.

Viktor Frankl (1905–1997)

Wir alle haben Werte. Wenn jemand, den ich kenne, etwas tut, um z.B. Opfern des Bürgerkrieges in Syrien zu helfen, und das dann auf Facebook postet, kann er ziemlich sicher sein, von mir ein „Gefällt mir" zu bekommen.

Ich bin gegen Unterdrückung von Schwachen, für Gleichberechtigung, gegen Massentierhaltung und inzwischen, nach langem Überlegen und Recherchieren, auch für die Ehe für alle.

Ich habe gelernt, dass es im Leben Momente gibt, in denen auf die Probe gestellt wird, wie wichtig uns diese Werte tatsächlich sind. Diese Momente erfordern eine klare Entscheidung, die uns oft wesentlich mehr kostet als das Anklicken eines Icons. Spannende, heilige Momente, die mir einen Spiegel vorhalten: „Wieviel sind dir deine Werte wirklich wert?" Und wenn du dann trotz allem „Ja" sagst, ist das häufig ein Moment, der zu einer Berufung, zu deinem Ikigai führen kann. Ich gebe mal zwei Beispiele. Eine sehr alte und eine ziemlich neue Geschichte, in denen Menschen ihre Werte trotz allem gelebt haben.

Eine bittere Schwiegermutter und entblößte Füße

„Wo du hingehst, da will auch ich hingehen; wo du bleibst, da bleibe auch ich. Dein Volk ist mein Volk, und dein Gott ist mein Gott." Ruth 1,16

Ich muss immer schmunzeln, wenn sich ein Paar zu ihrer Trauung diesen wunderschönen Vers wünscht. Was die meisten nicht wissen, ist, dass dieser sehr romantisch klingende Satz eigentlich die Zusage einer jungen Frau an ihre Schwiegermutter ist. Ich mache dann immer den Witz, dass ich es ganz klasse finde, dass das Brautpaar an ihrem besonderen Tag ihre Schwiegermütter so ehren möchte.

Die Liebesgeschichte von Ruth, die diesen Satz gesprochen hat, beginnt ganz und gar nicht romantisch, sondern mit Hungersnot, Rassismus, Tod und einer harten Entscheidung.

Ein Mädchen namens Naomi (das wird später mal die Schwiegermutter) zog wegen einer schrecklichen Hungersnot mit ihrer Familie ins Ausland. Dort gefiel es ihr nicht besonders. Die fremde Kultur, das andere Essen und die komischen Menschen dort waren überhaupt nicht ihr Ding, und zu ihrem Leidwesen heirateten ihre beiden Söhne auch noch Frauen von dort.

Eine dieser Frauen war Ruth.

Das alles war sehr schwer für Naomi, und sie machte es den neuen Schwiegertöchtern nicht gerade leicht. Aber das Leben musste ja weitergehen, und so gewöhnten sich alle doch noch aneinander. So gut man sich halt an eine mäkelnde Schwiegermutter gewöhnen kann.

Bald befiel eine Seuche das Land. Naomi musste mitansehen, wie ihr Mann und ihre beiden Söhne qualvoll starben.

Bitter und frustriert entschloss sie sich, in ihr Heimatland zurückzukehren. Auch keine leichte Entscheidung, denn sie hatte dort nicht mehr viele Verwandte, die sie als Witwe versorgen könnten, und Hartz IV war noch nicht erfunden. Zehn Jahre war sie weg gewesen, und jetzt stand sie am Jordan, der Grenze zu ihrer Heimat, und verabschiedete sich dort von ihren Schwiegertöchtern: „Ihr beiden seid noch jung und hübsch, ihr werdet in eurem Land garantiert neue Männer finden. Ich aber bin alt und vom Leben enttäuscht. Mein Name soll von nun an nicht mehr Naomi sein, denn Naomi heißt nett, sondern Mara, das heißt bitter!"

Wir alle kennen bittere Menschen, die nur noch sich selbst und ihre Probleme sehen. Wie man am besten damit umgeht? Ganz einfach: Lauf weg! Ganz schnell! So weit wie möglich! Sonst bist du selbst bald depressiv. Solche Menschen haben die Eigenschaft, dir alle Lebensfreude und Energie auszusaugen.

Eine der beiden Schwiegertöchter verhielt sich genau so: „Schön, dich kennengelernt zu haben, bittere Frau, ich geh dann mal wieder nach Hause in mein Land, um mir einen Mann zu schnappen. Tschüss." Wahrscheinlich das Sinnvollste, was man in solch einer Situation tun kann.

Doch Ruth, die andere Schwiegertochter, handelte anders. Sie hatte Werte. Besonders einen: Sie war eine „Kümmererin", im besten Sinne des Wortes. Es war ihr wichtig, sich um die Armen und Schwachen zu kümmern. Familie, Treue, das war es, was für sie zählte.

Hört sich ja grundsätzlich auch gut an, jedenfalls in der Theorie. Aber nun war aus der Theorie Wirklichkeit geworden. Ich kann mir vorstellen, wie sie da am Ufer stand, vor sich die bittere Schwiegermutter und das fremde Land. Was waren ihre Werte jetzt wert? Ruth schluckte und blieb stehen. Und mit ganz zitteriger Stimme sagte sie, weil sie echt Angst hatte vor diesem Satz: „Naomi, ich bin deine einzige Verwandte, ich kann dich nicht so alleine lassen. Ich gehe mit dir, in dein Land, und ich werde dafür sorgen, dass wir ein neues Leben aufbauen und genug zu essen haben werden.“ Oder anders formuliert: „Wo du hingehst, da will auch ich hingehen; wo du bleibst, da bleibe auch ich. Dein Volk ist mein Volk, dein Gott ist mein Gott.“

Mit diesem Satz hatte Ruth ihre Berufung, ihr Ikigai gefunden – den Grund, warum sie von nun an jeden Morgen aufstehen würde. Sie kümmerte sich darum, dass es Naomi gut ging und sie überlebte.

Sie wohnte nun also als Sozialfall mit ihrer bitteren Schwiegermutter in einem fremden Land und musste sich darum kümmern, dass sie genug zu essen hatten. Zu einer Zeit, in der für Frauen, die Single waren, oft nur die Ehe mit irgendeinem älteren Herrn, der Besitz hatte, oder Prostitution zur Wahl standen. Ruths Glück war ein altes Gebot, an das sich jüdische Grundbesitzer in ihrer neuen Heimat Israel hielten – zumindest diejenigen, die die Thora ernst nahmen. Ein Abschnitt darin stellte so etwas wie ein frühes Sozialsystem dar. Es besagte, dass Menschen, denen es finanziell nicht gut ging, nach der Ernte die Reste auf dem Feld abpflücken durften, die die Arbeiter vergessen hatten. Denen wurde sogar geboten, immer ein bisschen Obst und Gemüse auf den Feldern zurückzulassen. Ruth war so eine „Restepflückerin“. Durch diese harte Arbeit konnte sie sich und die bittere Naomi versorgen.

Dann wurde es doch noch romantisch, denn Boas taucht in der Geschichte auf. Boas war Grundbesitzer und nebenbei auch noch Naomis entfernter Verwandter. Zunächst war ihm wohl die hübsche Figur Naomis aufgefallen, dann, als er nachfragte, wer die Pflückerin sei, die da auf seinem Feld unterwegs war, erfuhr er von der Fürsorge, die Ruth ihrer Schwiegermutter gezeigt hatte. Boas verliebte sich auf der Stelle in diese junge Dame. Auch Naomi erkannte die Gelegenheit, von nun an versorgt zu sein, und riet Ruth, Boas nachts in seinem Zelt zu besuchen, um ihm „die Füße zu entblößen".

Du kannst ja mal raten, was damit gemeint ist.

Jedenfalls: Es funktionierte. Eine Frau, die so schön war, sich so fürsorglich kümmerte und die obendrein noch so gut „die Füße entblößen" konnte, beflügelte den guten, alleinstehenden Boas. Er veranlasste, dass, wenn Ruth erntet, immer ein bisschen Extra stehen blieb. Dann lud er sie zum gemeinsamen Mittagessen ein, und die Dinge nahmen ihren Lauf. Es gab ein romantisches Happy End – ganz nebenbei auch noch eins mit weitreichenden historischen Folgen, denn Ruth und Boas wurden zu Vorfahren König Davids. Und damit von Jesus Christus. Und das alles nur, weil Ruth sich entschieden hatte, für die Beziehung mit der bitteren Naomi ein unglaubliches Opfer zu bringen und das Risiko einging, in ein fremdes Land zu ziehen. Weil sie ihre Unabhängigkeit aufgab, ohne zu wissen, dass sie ein Happy End erwartete. Für sie bedeutete die „richtige Entscheidung" gleichzeitig die Entscheidung, ihre Wünsche und Bedürfnisse hintenanzustellen. Und das für jemanden, der in der Vergangenheit nicht einmal nett zu ihr gewesen ist.

Wir alle haben Werte, und wir alle werden Momente erleben, in denen wir mit einem Kloß im Hals an der Grenze stehen und uns entscheiden müssen, ob diese Werte nur schön klingen oder wir sie auch tatsächlich leben wollen. Das, wonach du dich in der Tiefe deiner Seele sehnst, was dich am Morgen aus dem Bett treibt, kann gleichzeitig so unglaublich schwer sein. Und es gibt keine Garantie, dass alle Geschichten gut ausgehen. Aber manchmal kann die richtige Entscheidung eben auch zu einer epischen Liebesgeschichte führen.

Mike und Jane – plötzlich wieder Eltern von Teenagern

Unsere Freunde Mike und Jane sind begnadete Lehrer. Sie lernten sich an der Universität von British Columbia kennen und lieben. Beiden wurde sehr schnell klar, dass Unterrichten für sie viel mehr ist als ein Beruf. Sie fanden eine Schule an der Sunshine Coast, an der sie bis heute arbeiten, kauften sich ein altes Haus direkt am Pazifischen Ozean und lebten ihre Berufung mit Haut und Haaren. Der Ort, an dem sie das tun, ist Roberts Creek, ein Städtchen, in das es besonders viele Hippies und Künstler verschlagen hat. Viele Kinder hier profitierten in den vergangenen Jahrzehnten von der Begabung, Kreativität und Fürsorge dieses Lehrerehepaares.

„Sobald wir mit diesem Beruf begonnen hatten, konnten wir uns überhaupt nicht vorstellen, jemals wieder etwas anderes zu tun. Gott hatte uns einen Auftrag gegeben, und den haben wir akzeptiert. Wir haben eine gute Beziehung als Ehepaar. Aus dieser Beziehung hat sich eigentlich alles andere in unserem Leben entwickelt. Das hört sich ein bisschen geschwollen an, aber so empfinden wir das eben. Beziehungen entscheiden über alles, was wir tun."

Beziehungen – das war und ist der wesentlichste Wert der beiden. Sie beginnen jeden Tag damit, dass Mike zwei Becher Kaffee brüht und die beiden die erste halbe Stunde des Tages gemeinsam auf ihren Lieblingsstühlen mit Blick auf den Pazifik verbringen und ihren Tag besprechen.

Regelmäßig öffnen sie auch ihr wunderschönes Haus und bekochen ihre Freunde. Wir durften das selbst häufig erleben. Nach so einem Abend fährt man immer wohlgenährt und ein bisschen fröhlicher nach Hause, als man gekommen ist. Unter ihren Kollegen sorgen die beiden seit Jahren für ein gutes Betriebsklima und werden daher regelmäßig zu deren Sprechern gewählt.

Trotzdem war da noch dieser Traum. Die beiden legten von Anfang an Geld beiseite, um mit Mitte 50 in Pension zu gehen und die Welt zu bereisen. Es gab so viele Orte, die sie gerne sehen wollten. Obwohl sie ihren absoluten Traumjob ausübten, begannen sie immer häufiger von dem Tag zu reden, an dem sie das Flugzeug besteigen würden, um – für den Anfang - ein paar Monate lang Europa unsicher zu machen. Jane ist eine obsessive Planerin, und ich bin mir sicher, sie wusste schon drei Jahre vorher, was genau sie in ihre Reisetaschen packen würden.

Doch dann starb ihre Freundin Janice an Brustkrebs. Janice und Lee waren enge Freunde – Kollegen und Nachbarn –, und die beiden Paare hatten sich das Versprechen gegeben, dass, wenn jemals einem von ihnen etwas zustoßen sollte, sich die anderen um die Familie kümmern würden. Also kümmerten sich Mike und Jane um den zurückgebliebenen Lee. Sie saßen mit ihm am Krankenbett seiner sterbenden Frau, organisierten die Party, auf der das Ehepaar ihren letzten gemeinsamen Tanz tanzen konnte, und kümmerten sich um die beiden Kinder, wenn Lee mal Hilfe brauchte. Dann, nicht einmal 12 Monate nach Janice, verstarb auch Lee ganz plötzlich. Ebenfalls Krebs.

In diesem Jahr bekamen Mike und Janes Kinder Andrew (der gerade mit dem Studium anfangen wollte) und Peter (der sich auf seinen Highschool-Abschluss vorbereitete) zwei jüngere Geschwister. Eine Schwester, Jen (15), und ein Bruder, Matt (14). Mike und Jane adoptieren die Kinder von Janice und Lee.

Sie waren damals schon 53, und nur noch 18 Monate trennten sie davon, ihre große Reise anzutreten.

Doch jetzt war etwas anderes dran. Und das hatte es in sich. Die nächsten Jahre waren unglaublich hart. Ich habe selbst als Teenager meine Mutter verloren und weiß, wie schwierig ich damals gewesen bin. All das erlebten Mike und Jane nun auch mit ihren Adoptivkindern: Streit. Trauer. Nicht-verstanden-Fühlen. Undankbarkeit. Rebellion. Nachts-nicht-nach-Hause-Kommen.

All das hatten sie eigentlich längst durch, aber mussten es jetzt erneut erleben – nur noch intensiver. Schließlich waren sie nicht die leiblichen Eltern der beiden, und das ließen ihre Adoptivkinder sie in ihrer Verzweiflung auch spüren.

Man kann sein Ikigai romantisieren. Und in diesem Buch geht es ja auch darum, wie lebenswichtig und befreiend es ist, herauszufinden, warum man hier auf der Erde ist. Aber ich habe nie behauptet, dass es auch immer leicht ist, wenn man es gefunden hat.

Wenn du mit einer guten Tasse Kaffee in der Hand neben Mike und Jane auf ihrer Terrasse sitzen würdest, dort über dem Ozean, würden sie dir erzählen, dass sie es immer

wieder so machen würden. Weil es richtig war.
dir die guten Geschichten erzählen, die sich au:
scheidung ergeben haben: Das Extrajahr, das Peter zu Hause gewohnt hat, weil er das Gefühl hatte, dass seine neuen Geschwister ihn brauchten und er ganz anders an die beiden herankam als seine Eltern. „Wir waren so stolz auf ihn und seine Entwicklung", erzählten die beiden mir.

Oder die wunderbaren Beziehungen, die zwischen den vier inzwischen erwachsenen Kindern entstanden sind. Wie diese Phase, die sie als Familie durchgemacht haben, jeden ein Stück weit mehr zu der Person gemacht hat, die sie sein möchte. Wieviel Spaß sie alle zusammen haben, wenn die Kinder heute noch, mehr als zehn Jahre später, auf die gemeinsame Tradition bestehen, den ersten Weihnachtstag zusammen in Pyjamas zu verbringen.

Trotzdem spüre ich, dass dieses Paar – das ich so sehr bewundere, das einen Tiefgang ausstrahlt, den man nur schwer beschreiben kann – durch ganz harte Zeiten gegangen ist.

Ich habe sie gebeten, mir für dieses Buch kurz zu beschreiben, wie es ihnen erging. Daher lasse ich sie hier selbst zu Wort kommen:

„2007 sind wir wieder Eltern geworden. Das hat unser Leben komplett auf den Kopf gestellt: den Alltag, unsere langfristigen Planungen, unsere Familie und unseren Freundeskreis. Unser einziger Plan war, das Bestmögliche für Jen und Matt zu tun. All das loszulassen, was für uns normal war, und einfach das zu umarmen, was uns Neues gegeben wurde. Wir hatten gerade angefangen, uns an die Freiheit zu gewöhnen, die es mit sich bringt, wenn aus deinen Kindern junge Erwachsene geworden sind, und dann war diese Freiheit auch schon wieder weg. Die größte Herausforderung war gar nicht, dass wir Dinge, auf die wir uns gefreut hatten, verschieben mussten. Es war diese unglaubliche Lernkurve, die wir umarmen mussten. Plötzlich waren da all die neuen Dinge in unserem Leben: Jen und Matt, ihre Freunde und ihre Familie, ihre Hobbys, einfach alles. Und dazu kam diese überwältigende Trauer."

Ach ja, fünf Jahre später als geplant ging der Flieger nach Rom dann tatsächlich doch noch. Aus den geplanten sechs Monaten wurden aber nur knapp drei. Mikes Mutter wurde krank und brauchte jemanden, der sich um sie kümmerte. Beziehungen sind halt das Wichtigste.

Das Entscheidende, das, was ich bei Mike und Jane und vergessen wir nicht Ruth, so bewundere, ist, Werte zu haben und sie zu leben, egal, was es kostet. Menschen, die schwierige Entscheidungen getroffen haben, die sich für den schwereren Weg entschieden haben, strahlen oft so eine Freude aus, die tiefer ist, weniger oberflächlich. Es tut unglaublich gut, mit solchen Menschen zusammen zu sein. Es gibt etliche Bücher, Motivationstrainer und Fernsehprediger, die dir ein besseres Leben versprechen, wenn du nur ein paar einfache Dinge umsetzt. Wenn ich eins gelernt habe, dann ist es, dass so gut wie nichts Wertvolles in meinem Leben einfach so gekommen ist. Meistens steht am Anfang eine schwere Entscheidung, aus der eine wunderschöne Erfahrung wird.

7. Was nervt dich?

Wenn du versuchst herauszufinden, was dein Weg ist, nach Möglichkeiten suchst, wie du dein Ikigai finden kannst, schau genauer auf die Dinge, die dich sauer machen, die dir unter die Haut gehen, die dich dazu bringen zu sagen: „Jemand sollte endlich mal etwas dagegen tun!" Dieser Jemand könntest du sein.

Rob Bell

Was ich mit dem Prinz von Ägypten gemeinsam habe, oder: Wie das, was dich frustriert, dich zu deiner Berufung führen kann

Ich gehöre zum erlauchten Kreis derer, die einmal von einer Bibelschule geflogen sind. Heute glaube ich, dass mein nicht ganz so schmeichelhafter Abgang mir geholfen hat, mein Ikigai zu finden.

Alles fing damit an, dass meine Gemeinde mich fragte, ob ich mir vorstellen könnte, unsere Jugendgruppe zu leiten. Manchmal haben eben auch andere Menschen eine Berufung für dich, und du musst dann herausfinden, ob sie nur jemanden brauchen, der ihnen die Arbeit abnimmt, oder ob du wirklich die richtige Person für diese Aufgabe bist.

Ich konnte mir die Jugendleitung sehr gut vorstellen, hatte aber direkt nach dem Abitur das Gefühl, dass mir für diese Aufgabe ein bisschen mehr theologisches Wissen guttun würde. Unser Gemeindebund hatte eine Bibelschule, also habe ich mich dort angemeldet.

Es dauerte nur ein paar Monate, bis ich diese Entscheidung bereute. Ich konnte damals nur schwer sagen, was eigentlich das Problem war, ich wusste nur, dass ich unheimlich frustriert war.

Ich war zwar begeistert von den Geschichten über Jesus, aber frustriert davon, wie langweilig sie vorgetragen wurden.Ich fand viele der theologischen Themen spannend, aber war genervt, dass gefährliche Fragen nicht erlaubt zu sein schienen und dass jemand, der sich traute, eine anderen Meinung zu äußern, schnell abgestempelt wurde.

Es war mir peinlich, dass ich Menschen, die anders glaubten als ich, Fragen beantworten sollte, die sie gar nicht hatten, statt ihnen zuzuhören.

Ich fand die Botschaft von Jesus unglaublich schön, aber die Art, wie uns gelehrt wurde, sie weiterzugeben, völlig daneben.

Das war am Anfang nur so ein Gefühl, für das ich die Worte noch nicht hatte. Ich kann mich noch gut erinnern, dass ich mich deswegen sogar schuldig und fehlerhaft fühlte.

Es gab damals nicht viele, mit denen ich meinen Frust teilen konnte. Die anderen Schüler schienen alles so glauben zu können, was uns erzählt wurde, und nickten immer begeistert. Dementsprechend habe ich mich unverstanden und alleine gefühlt. Irgendwie hilflos. Die Überzeugung, dass ich völlig falsch liegen musste und der Zweifel, ob ich überhaupt noch Christ war, wurden immer lauter.

Heute kann ich meine Gefühle ziemlich deutlich verbalisieren. Damals, ohne die entsprechende Erfahrung und Reife, war meine Reaktion aber nur ein passiv-aggressives „Ist doch alles Scheiße hier!". Ich musste dann auf die harte

Tour lernen, dass dieser Satz nicht so wahnsinnig viel verändert und – dich aus Bibelschulen fliegen lassen kann.

Wenigstens habe ich nicht ganz so extrem überreagiert wie Prinz Mose, der ähnlich frustriert war wie ich.

Moses Geschichte wird uns im Alten Testament berichtet. Sein Ikigai war es, die Israeliten aus der Sklaverei in Ägypten ins Gelobte Land, nach Israel, zu führen. Doch bis er das herausfand, war es ein langer Weg. Direkt nach seiner Geburt hatten seine israelitischen Eltern ihn in einem Schilfkorb auf dem Nil vor den ägyptischen Soldaten versteckt, die den Auftrag hatten, jeden israelischen Neugeborenen umzubringen. Die Israeliten lebten damals auf ägyptischem Boden als Sklaven, und der Pharao fürchtete, dass zu viele Israeliten seinem Land gefährlich werden könnten.

Baby-Moses schwimmt also in einem Korb auf dem Nil. Zufällig badet die ägyptische Prinzessin gerade an derselben Stelle, sodass sie den Korb samt niedlichem Inhalt findet. Es ist Liebe auf den ersten Blick. Sie adoptiert den Kleinen, und Moses Leben wird nicht nur gerettet, sondern er wächst sogar am Hofe des Pharaos auf (nachdem er die Kleinkindphase sogar bei seinen leiblichen Eltern verbringen durfte) und wird dort ausgebildet.

Trotz dieser Vorzugsbehandlung vergisst er nie seine israelitischen Wurzeln. Der Prinz von Ägypten findet seine Berufung dadurch, dass er, inzwischen ein erwachsener Mann, mit ansehen muss, wie sein Volk versklavt, ausgenutzt und ungerecht behandelt wird. „Das ist nicht richtig, da muss doch mal jemand etwas tun!", war er sich sicher. Und langsam verstärkte sich das Gefühl in ihm, dass eventuell er dieser jemand sein könnte.

Anscheinend hat man bisweilen schon früh eine Ahdas eigene Ikigai sein könnte, ohne bereits in der Lage zu sein, es zu leben. Ich kann mir vorstellen, dass sich Mose zunächst einmal sehr einsam gefühlt haben muss. Am Königshof konnte er mit niemandem über seine Wut reden, denn das waren ja die Unterdrücker. Die unterdrückten Israeliten haben ihm auch nicht vertraut. Er war ja der ägyptische Prinz.

Vielleicht kannst du das nachvollziehen: Du bist genervt, hast eine Ahnung, dass etwas passieren sollte, vielleicht sogar, dass du das machen möchtest, aber du findest niemanden, mit dem du deine Frustration teilen könntest. Und deine Berufung beginnt erst einmal damit, dass du dich allein und unverstanden fühlst. Veränderung beginnt tatsächlich sehr häufig mit Frust und Genervtsein.

Vielleicht gab es um das Jahr 1900 ja mal einen Enkel, der gesehen hat, wie schwer es für Oma war, jeden Tag mehrere Mal durch den Schneesturm aufs Plumpsklo zu laufen. „Jemand sollte mal eine Alternative erfinden!"

Eine Sekretärin ist traurig darüber, dass das Arbeitsklima in ihrer Firma grottenschlecht geworden ist. „Irgendjemand muss etwas tun, um ein bisschen mehr Vertrauen und Harmonie hier reinzubringen."

Meine Heimatstadt wird immer älter. Überall entstehen neue Seniorenwohnstätten, weil damit viel Geld zu verdienen ist, aber für Kinder und Teens gibt es kaum Optionen. Zum Glück gibt es ein paar Frustrierte, die sich immer wieder zu Wort melden: „Warum tut bei uns nicht mal jemand was für Jugendliche?"

Als wir neulich im Urlaub in einem Bergdorf mit ein paar Freunden noch ein Glas Wein tranken, fiel uns auf, dass dort Jung und Alt, Arm und Reich zusammensaßen und gemeinsam den Abend verbrachten. Dies schien ein Ort zu sein, wo jeder willkommen war und einfach so dazu kommen konnte. Frustriert erklärte meine Frau, wie traurig es ist, dass unserer Stadt zu Hause in Deutschland genau solche Orte fehlen. „Bei uns gibt es viel zu viel Einsamkeit. Irgendjemand sollte Abhilfe schaffen."

Ganz viele Berufungen beginnen mit Frust, mit Fragen, manchmal sogar mit dem Gefühl, der Einzige zu sein, der sich so fühlt.

Zurück zum Prinz von Ägypten. Moses bleibt nicht bei „Jemand sollte mal …" stehen. Er sieht, wie ein Ägypter einen jüdischen Sklaven verprügelt. Die anderen Sklaven schauen hilflos und verschämt weg, ein anderer Aufseher feuert den Schläger vielleicht sogar an. Da kommt es wieder hoch, dieses Gefühl: „Jemand muss doch mal was ändern. Das kann so nicht weitergehen!" Und weil ihm nichts Besseres einfällt und er denkt, dass nur er das Problem lösen könnte, schlägt er zu, bis der Aufseher tot am Boden liegt.

Berufung ohne Reife, ohne Begleitung, ohne Ausbildung führt nicht unbedingt zum gewünschten Ziel.

Wenn du das kennst, diese Wut, die dich nicht loslässt, die dich denken lässt:

„Jemand sollte mal!"

„So wie es ist, ist es nicht gut."

„Das könnte man besser machen. Aber meine Ideen würde sowieso keiner verstehen und unterstützen."

Wenn du dich alleine fühlst, frustriert bist, dann …

kann das von Gott sein,

kann das eine Berufung sein,
solltest du das nicht ignorieren.

Wenn das gerade deine Lebenssituation ist, dann wünsche ich dir Menschen an der Seite, die dich ernst nehmen, auch wenn sie dich nicht verstehen können.

Ich wünsche dir einen sicheren Ort, solche Gedanken einmal auszusprechen.

Wenn du dich alleine und unverstanden fühlst, wünsche ich dir den Mut, das auszuhalten und daran festzuhalten, bis Gott – oder wenn du nicht an Gott glaubst, irgendeine höhere Macht – dir gezeigt hat, was noch kein anderer vor dir gesehen hat.

Moses hatte solch einen sicheren Ort scheinbar nicht, und er reagiert komplett falsch. So muss er fliehen und als Hirte in der Wüste leben. Erst 40 Jahre später macht er eine Erfahrung, die ihn doch noch auf die richtige Spur führt.

Zwei Gedanken möchte ich zum Ende dieses Kapitels noch loswerden.

Erster Gedanke: Nicht ausgereifte Berufung braucht Unterstützer. Kann es sein, dass hinter dem „Nerven" besonders junger Leute das Potential für Veränderung steckt? Vielleicht ja sogar die Saat für eine Idee Gottes, der diese Menschen berufen hat, etwas zu tun, das dieser Welt guttut? Ich glaube, dass in meinem unreifen Verhalten von damals („Ist ja alles Scheiße hier!") und Moses frustriertem Zuschlagen die Ahnung von einer Berufung steckte.

Mein zweiter Gedanke: Man ist nie zu alt, um sein Ikigai zu finden. „Die traurigsten Worte, egal, ob gesprochen oder geschrieben, sind diese: Es hätte sein können.“ Das sagte der Schriftsteller John Greenleaf Whittier einmal.

Moses ist vierzig, als er aus Frust zum Mörder wird. Danach flieht er in die Wüste und hat das Gefühl, ein Versager zu sein und nichts auf die Reihe zu kriegen. Das zeigt sich unter anderem in der berühmten Berufungsgeschichte am brennenden Busch, bei der er eine Ausrede nach der anderen bringt, warum er nicht gut genug sei. Vielleicht schlummert in dir ganz viel Potenzial und du trägst diesen Gedanken in dir, dass du das eigentlich nie abgerufen hast. Und jetzt bist du viel zu alt, und es ist zu spät. Dann denke an Folgendes:

Harlan Sanders, der Erfinder von Kentucky Fried Chicken, war 66, als er damit begann, sein Fast-Food-Imperium aufzubauen.

Laura Ingalls Wilder hat ihre weltberühmten Romane über „Unsere kleine Farm“ verfasst, als sie die 60 bereits überschritten hatte.

Andrea Bocelli war 34, als er ernsthaft damit anfing, Opern zu singen. Viele Experten sagen, dass das eigentlich gar nicht möglich ist.

Ich bin ein Fan von älteren Leuten, die Jüngeren eine Schulter zum Anlehnen bieten, statt ihr Handtuch auf den Liegestuhl zu legen und auf das zu pochen, was ihnen zusteht. Siegfried Weidtmann ist so ein Mann. Ein pensionierter Lehrer, der mit 80 angefangen hat, Flüchtlingen Deutsch beizubringen und ihnen ein Mentor zu sein. Unsere Iraner nennen ihn „Papa“. Ich nenne ihn hinter seinem Rücken heimlich Moses. Moses war auch 80, als er die nötige Reife hatte, um das Volk Israel aus der Sklaverei ins gelobte Land zu führen.

Vielleicht kannst du ja heute damit anfangen, das zu leben, was deine Berufung ist, dein Ikigai. Eine Ausrede hast du eigentlich nur, wenn du die 80 schon weit überschritten hast.

III.

Es gibt viele Gründe liegen zu bleiben – ganz viele Ausreden

„Jedes Kind ist ein Künstler. Das Problem ist, ein Künstler zu bleiben, wenn du erwachsen bist."

Pablo Picasso

Oft, wenn etwas Wertvolles und besonders Schönes sich anschickt, in meinem Leben zu entstehen, dann meldet sich diese Stimme, die ganz viele Gründe vorbringt, warum das sowieso nicht klappen kann; warum ich das Risiko niemals eingehen sollte, warum ich das Gute nicht verdient habe oder dazu gar nicht fähig bin.

In diesem Abschnitt geht es um Ausreden und ihre Stimmen und darum, was man diesen entgegensetzen kann.

Stimme #1: „Das lohnt sich nicht"

Das kleine Mädchen mit der Brille

Ein kleines Mädchen mit einer Brille kommt alleine an den Strand und beginnt, mit den Füßen einen riesigen Kreis zu malen. Aus dem Kreis wird bald darauf eine Sonne, und über eine halbe Stunde lang arbeitet sie dann gewissenhaft an ihrem Kunstwerk.

Ich sitze in einem Café mit perfektem Blick auf ihr Schaffen und möchte ihr am liebsten zubrüllen, dass sich in spätestens einer Stunde mindestens 5000 Touristen mit ihren Strandtüchern an diesen Strand legen und alles kaputt machen werden. Aber ich sage natürlich nichts, und das Mädchen mit der Brille arbeitet weiter und freut sich an ihrem Kunstwerk – das dann Minuten später tatsächlich unter den Menschenmassen verschwindet.

Wenn dein Selbstwert von der Aufmerksamkeit und dem Applaus der Menschen um dich herum abhängig ist, dann kann das Mädchen mit der Brille dir etwas Wichtiges beibringen. Sie arbeitet unbeirrt an ihrem Kunstwerk weiter, einfach, weil sie es kann, weil etwas aus ihr heraus muss. Auch wenn niemand sie dafür bewundern wird.

Die Mama

Eine Stunde später bin ich selbst einer dieser Touristen und sehe, wie die junge Frau vor mir mit einer großen Sporttasche alleine an den Strand kommt, einen Sonnenschirm in den Sand dreht, eine Luftmatratze aufpumpt und insgesamt vier Badehandtücher rausholt, die sie fein säuberlich ausbreitet. Ich schaue auf mein Badelaken, mein Handtuch, den Rucksack – alles ziemlich unordentlich – und denke: „Ist schon ein bisschen übertrieben, wie du dich auf deinen Strandtag vorbereitest, junge Frau." Aber dann kommt ein älterer Herr dazu mit zwei kleinen Kindern, die offensichtlich ihre sind, und auf einmal weiß ich, warum sie das alles so liebevoll aufgebaut hat.

Oft sind die kleinen, unscheinbaren Dinge, die du aus Liebe tust, viel wichtiger als vermeintlich große Taten, die aus Pflichtgefühl entstehen. Die junge Mutter bringt mir bei, dass Liebe und Fürsorge ein wichtiger Teil meines Ikigais sein können; vielleicht ein Teil, der meist unbeachtet bleibt und für den andere einen belächeln, aber der dennoch wichtig ist.

Der Frühaufsteher

Vor ein paar Jahren sind wir als Familie für fünf Wochen nach Kanada geflogen, um Menschen zu besuchen, die lange Jahre ein Teil unseres Lebens gewesen waren. Ich bin kein Frühaufsteher (hatte ich das schon mal erwähnt?), besonders nicht im Urlaub, aber hatte die seltsame Idee, ein Buch über meine Erfahrungen in der Flüchtlingsarbeit für den englischsprachigen Markt herauszubringen. Dazu musste ich etliche meiner deutschen Manuskripte überarbeiten und Passagen daraus übersetzen. Wann, wenn nicht jetzt im Urlaub, in dem ich 24 Stunden am Tag wieder Englisch spreche?, dachte ich. Also bin ich tatsächlich jeden

Morgen zwei Stunden früher als meine Familie aufgestanden und habe fleißig an meinem ersten englischen Buch gearbeitet.

Zurück in Deutschland habe ich das Manuskript meinem kanadischen Freund Norm zu lesen gegeben. Sein Urteil war vernichtend. „Deine Geschichte ist wirklich gut und verdient es, verlegt zu werden, aber dein Englisch ist nach fast zehn Jahren in Deutschland ziemlich veraltet. Das solltest du wirklich einem Muttersprachler überlassen."

Ich habe erst einmal geschluckt, weil ich eigentlich ziemlich stolz auf meine Übersetzungsarbeit war. Dann habe ich etwas Geld investiert, das Ganze von einem Profi noch einmal übersetzen lassen, und irgendwann, fast 18 Monate später, ist das Buch dann rausgekommen. Allerdings wurde es nur hundert Mal gelesen. Der Großteil davon auch noch während der Werbephase, während der man es umsonst herunterladen konnte.

Ich habe dabei gelernt, dass nicht alles, was vermeintlich Teil meines Ikigais ist, auch automatisch funktioniert.

Man könnte diese drei Geschichten als Misserfolge beschreiben. Aber wenn man genauer hinsieht, merkt man, dass auch in diesen scheinbaren Rückschlägen Erfolge zu sehen sind. Das kleine Mädchen mit der Brille hatte echt Spaß bei ihrer Fußmalerei. Die Kinder und der Vater der jungen Mutter haben sich über die Vorbereitungsaktion gefreut. Und ich habe durch mein erfolgloses Buch diverse Einladungen zu Veranstaltungen bekommen, bei denen ich wichtige Beziehungen knüpfen konnte. Es gibt keine Garantie, dass immer alles klappt, aber denk mal über die Alternative nach.

Stimme #2: „Es wird sich sowieso nichts ändern"

You got yourself stuck in a moment and you can't get out of it[5]

U2

Im biblischen Buch Genesis bekommt ein alter Mann, Abram ist sein Name, eine Anweisung von ganz oben: „Gehe in ein anderes Land, das ich dir zeigen werde." Das Außergewöhnliche dieser Anweisung bestand nicht nur darin, dass sie von ganz oben (also Gott) kam, sondern auch darin, dass Abram hier zu etwas völlig Neuem für sich und seine Familie aufgefordert wurde. Damals glaubte man nämlich, dass das eigene Leben im Grunde immer das Leben der vorherigen Generation wiederhole.

Natürlich hat man deshalb den gleichen Beruf gelernt wie der Vater.

Natürlich ist man im gleichen Dorf geblieben und hat all das getan, was die anderen auch so taten. Es ist halt, wie es ist. Das war das Schicksal.

Aber dann greift Gott ein und befiehlt Abram, diesen Kreislauf zu durchbrechen. Er wird aufgefordert, auszusteigen und ein Volk zu gründen, das sich nicht nur um sich selbst kümmert. Also kein Volk, das sich im Sinne von „Make America Great Again" nur für die eigenen Belange interessiert, sondern ein Volk, das „das Licht der Welt",

---

5 Du hast dich in diesem Moment verfangen und kommst einfach nicht raus.

also ein Segen für alle anderen Nationen, sein soll. Solch etwas war damals unvorstellbar.

Abram nimmt diese Einladung tatsächlich an, steigt aus seinem Kulturkreis aus und probiert etwas komplett Neues.

Bist du schon mal ausgestiegen?

Einige meiner Freunde fühlen sich gefangen.

Gefangen in einem Job, den sie als eng und langweilig empfinden.

Gefangen in einer Beziehung, die sie kaputt macht.

Gefangen in irgendeiner Situation, die jegliche Freude in ihrem Leben erstickt.

Dieses Gefangensein wird ganz schnell der Grund, warum ich das Leben, das ich mir wünsche, niemals lebe.

Gibt es da wirklich keine Alternative?

„Du bist eingeladen. Gehe in ein Land, das ich dir zeigen werde."

Wirklich! Du bist frei!

Du kannst noch 18 Monate arbeiten, sparen und dann ein halbes Jahr reisen.

Du kannst diesen Job kündigen, von dem du immer sagst, dass er dich kaputt macht.

Du kannst sogar aus der Beziehung aussteigen, die nicht gut für dich ist.

Das ist kein Freischein für Egoismus. Es lohnt sich aber, einmal ehrlich zu sein. Eigentlich hast du doch nur Angst vor dem Unbekannten. Hatte Abram bestimmt auch. Aber du bist frei. Du lebst, du atmest, und das ist ein Geschenk. Du bist freier, als du denkst. Du darfst Neues ausprobieren. Du bist zum Leben eingeladen.

Stimme #3: „Nicht genug"

Nimm Isaak, deinen einzigen Sohn, den du lieb hast, und geh hin in das Land Morija und opfere ihn dort zum Brandopfer auf einem Berge, den ich dir sagen werde.

1. Mose 22,1

Abram ist losgezogen, um etwas revolutionär Neues auszuprobieren. Dann hörte er diese Stimme, die alles wieder kaputt zu machen droht. Der gute Abraham, Gott hat ihn inzwischen umgetauft, sitzt vor seinem Zelt. Er hat seine Berufung gefunden. Im hohen Alter haben Sara und er einen Sohn bekommen, dem er nun beibringen kann, wie man ein Volk leitet, das für andere da ist. Es hat lange gedauert, aber jetzt lebt er seinen Traum. Aber wieder spricht Gott zu ihm: „Opfere deinen Sohn!" Opfern kann man in diesem Fall auch mit „schlachte und verbrenne" übersetzen.

Was ist das für ein Gott, der von Menschen fordert, ihre Kinder zu opfern? (Bitte sag mir, egal, wie gläubig oder ungläubig du bist, dass du diese Aufforderung Gottes auch krank findest.) Und was hat das mit Abrahams Ikigai zu tun?

Gute Fragen, und um sie zu beantworten, gebe ich dir meine Kurzversion der Story, wie Religion entstanden ist. Vor Jahrtausenden merkt einer unserer Vorfahren: „Ich habe Basilikum gepflanzt, aber ob der wächst oder nicht, das kann ich nicht beeinflussen. Damit ich genug Basilikum für meine Pizza Margherita ernte, brauche ich die

Hilfe von Mächten, die größer sind als ich. Wie kriege ich diese Mächte nur auf meine Seite?"

Kurz nachdenken. „Klar: Ich muss diese Mächte gnädig stimmen."

Geschenke. Opfer.

Irgendwann fängt er dann an, Basilikum oder Tomaten zu verbrennen. Irgendwie muss er ja dafür sorgen, dass ihm diese Mächte, später hat man sie Götter genannt, gnädig gestimmt sind.

Eines Tages wird sein Kind krank.

„Wahrscheinlich habe ich etwas getan, das die Götter erzürnt hat. Ich muss ihnen etwas opfern." Aber das Kind bleibt krank. Was zu der Annahme führt, dass wahrscheinlich nicht genug geopfert worden ist. Oder das Kind wird gesund. „Die Götter sind mir wieder gnädig. Schnell noch ein Dankopfer, damit das auch so bleibt."

Wann ist es genug? Wann habe ich genug getan, gegeben, geleistet, damit das Universum, der Götterhimmel, auf meiner Seite ist? Es erscheint logisch, dass irgendwann aus Basilikum ein Huhn wird und aus einem Huhn eine Kuh und aus einer Kuh mehrere. Und irgendwann war auch das größte Opfer nicht mehr tabu: die eigenen Kinder. So lief das in der Welt Abrahams.

Abraham ist also nicht verwundert, als er von Gott den Befehl bekommt: „Opfere deinen Sohn." Er steht am nächsten Morgen früh auf, packt seinen Esel, spaltet Holz für das makabre Brandopfer, und zusammen mit zwei Knechten und seinem Sohn Isaak reist er zu dem Berg, auf dem das Ganze stattfinden soll.

„Bleibt ihr hier mit dem Esel. Ich und der Knabe wollen dorthin gehen, und wenn wir angebetet haben, wollen wir wieder zu euch kommen", sagt Abraham seinen Knechten, als sie am Fuß des Berges stehen. Lügt Abraham, oder weiß er etwas, das wir Leser nicht wissen?

Als sie angekommen sind – Isaak trägt das Holz, Abraham hat Feuer und Messer schon in der Hand –, stellt Isaak die offensichtliche Frage. „Fehlt uns nicht ein Schaf oder so was?" Er bekommt eine ausweichende Antwort: „Der Herr wird uns das geben, was wir brauchen." Irgendwann ist der Altar aufgebaut, Abraham hat Isaak auf das Holz gefesselt, und ich zitiere: „(Abraham) reckte seine Hand aus und fasste das Messer, dass er seinen Sohn schlachtete."

Aber im letzten Moment geht doch noch ein Engel des Herrn dazwischen, Isaak wird losgebunden, Gott schenkt einen Widder, der statt Isaak dran glauben muss, und Gott erneuert sein Versprechen, dass aus den Nachkommen Abrahams ein Volk entstehen wird, das allen anderen Völkern zum Segen werden soll. Ob Isaak bleibende psychische Schäden davongetragen hat, ist nicht bekannt. Und wieder die Frage: Was ist das für ein Gott, der von Menschen einfordert, ihre Kinder zu opfern?

Wir lesen diese Geschichten viel zu sehr durch unsere moderne, westliche Brille. Die Geschichte ist barbarisch, weil die Zeit damals barbarisch war. Wenn ich dir diese Geschichte heute vorlese, wo regt sich das erste Mal dein Widerspruch? Wahrscheinlich schon beim ersten Satz: Gott spricht: „Opfere deinen Sohn." Hättest du vor 4000 Jahren an einem Lagerfeuer gesessen und jemand erzählte die Geschichte, dann hättest du alles normal gefunden, bis Gott einschreitet und das „Schlachten" verhindert. Welcher Gott tut denn so etwas?, hättest du gefragt.

Die Antwort ist ganz einfach:

Ein Gott, der beschenkt.

Ein Gott, der Abraham verspricht, dass dieser Verzicht nur der Anfang war. Der sagt, dass er noch viel Gutes für ihn bereithält.

Ein Gott, der nichts von dir fordert. Dieser Gott segnet, beschenkt, ist *für* die Menschen. Kannst du nachvollziehen, wie neu und frisch und revolutionär das damals war?

Was hat das alles mit meinem Ikigai zu tun? Ganz einfach: Ich habe auch mal an einen fordernden Gott geglaubt. Dadurch habe ich nicht unbedingt mehr Gutes getan, aber ich habe nachts wach gelegen, wenn ich Mist gebaut hatte, und mir Sorgen gemacht, dass Gott das bestraft. Daher habe ich ihm Versprechungen gemacht, dass ich alles Mögliche tun würde, um es wieder in Ordnung zu bringen. Versprechungen, was ich alles für ihn „opfern" würde.

Selbst, wenn du nicht an Gott glaubst, hast du vielleicht ständig das Gefühl, nicht genug zu leisten. Wenn du deine Arbeit in dieser Welt als Last empfindest und du die Freude daran längst verloren hast. Wenn du nie das Gefühl hast, genug getan zu haben. Dann glaubst du an die Stimme dieses fordernden Gottes: „Opfere!"

Stell dir eine Tankanzeige vor. Da, wo „leer" steht, notierst du dir in Gedanken „Opfere!". Da, wo voll steht, das Wort „Freude!" Hast du bei dem, was du tust, in der Regel das Gefühl, dass du ein Opfer bringst? Oder macht dir dein Werk wirklich Freude?

Ein paar Beispiele aus meiner Arbeit: Wenn ich Jugendcamps leite, dann ist das oft anstrengend. Aber da ist auch diese tiefe Dankbarkeit, dass mir junge Leute immer noch zuhören. Dass ich mithelfen darf, Leben zu verändern. Als wir das kleine, schüchterne Mädchen aus Polen überreden konnten, beim Bunten Abend ein Lied vorzusingen und dann von ihren Klassenkameraden abgefeiert wurde, war das traumhaft. Anstrengend, aber fantastisch.

Ich hab nicht immer Lust zu kochen, aber wenn ich eine frische Zitrone in die Käsesoße reibe und das, zusammen mit dem frischen Basilikum, unglaublich gut riecht, dann wird auf einmal aus Arbeit auch ein bisschen Kunst.

Ich bin ein fürchterlicher Gärtner, und wenn meine Frau sie nicht retten würde, würden meine Tomaten jedes Mal sterben. Aber wenn ich die Hände in der Erde habe, Wasser auf die Samen tue und Gott dabei zugucken darf, wie Er ein Wunder tut und aus meinem bisschen Arbeit neues Leben schafft, dann ist das absolut großartig.

Wenn du an das denkst, was du tust für diese Welt ... Hast du dann mehr das Gefühl, ein Opfer zu bringen? Oder empfindest du dein Tun mehr als Geschenk, als Segen? Die Geschichte von Abrahams Opfer wurde Tausende Male an Lagerfeuern erzählt, weil sie Menschen befreit hat, an einen Gott zu glauben, der nicht fordernd, der nicht gegen die Menschen ist, sondern für sie. Der dich segnet, befreit und schon längst auf deiner Seite ist.

Wenn dir immer nur die Geschichte eines fordernden Gottes oder einer fordernden Welt erzählt worden ist, dann kann ich verstehen, warum du aufgeben möchtest und keine Lust mehr hast, dich zu investieren. Allerdings hat längst eine neue Zeitrechnung begonnen. Ist es nicht auch für dich an der Zeit, dir die Idee aus dem Kopf zu schlagen, dass du dem Universum irgendetwas zu beweisen hast?

Stimme #4: „Guck dir den Dieter an, der hat sogar ein Auto“[6] Das Problem, sich ständig vergleichen zu müssen

„Und was ist mit dem da?“

Petrus in Johannes 21

Im letzten Kapitel seiner Jesusgeschichten erzählt Johannes von einem Gespräch zwischen Petrus, einem der ersten Jünger, und Jesus. Jesus war nach seiner Kreuzigung gerade auferstanden, und Petrus hat sich in dieser Geschichte nicht unbedingt als Held erwiesen. Im Gegenteil: eher als ziemlich feige. Er hat so getan, als ob er Jesus gar nicht kennen würde. Was die Sache doppelt blöd für ihn machte, war die Tatsache, dass er vorher den Mund ziemlich voll genommen hatte, was seine angebliche Hingabe an Jesus anging.

In dem besagten Kapitel jedenfalls wird beschrieben, wie Petrus nach seinem Versagen vom Fischen zurück an den Strand kommt. Dort brennt ein Lagerfeuer, und der auferstandene Jesus begegnet seinen Jüngern und macht sogar Frühstück für alle. Da er mit Petrus noch was zu besprechen hat, schnappt er sich ihn nach dem Frühstück und geht mit ihm spazieren. Jesus vergibt ihm sein Versagen. Als Bonus bekommt Petrus sogar noch sein Ikigai (nämlich

6 Aus dem Song „Junge“ von den „Ärzten“

den Auftrag, sich gut um die ersten Christen zu kümmern) direkt von Jesus zugesprochen.

Alles hätte so schön sein können.

Bis Petrus merkt, dass Johannes, ein anderer Jünger, hinter ihnen hergelaufen ist und gelauscht hat. Zwischen Petrus und Johannes war schon länger ein Konkurrenzkampf am Laufen, wer der bessere Jünger sei.

Da zeigt Petrus auf seinen Konkurrenten und fragt Jesus: „Und was passiert mit dem da?" Ich liebe Jesu Antwort auf diese Frage. Sie ist nämlich herrlich direkt: „Das geht dich aber sowas von überhaupt nichts an, Petrus. Deine Geschichte mit mir ist spannend genug. Vergleichen bringt dir überhaupt nichts."

Natürlich ist das Leben unfair

Du hast dich stundenlang auf einen Test vorbereitet. Deine Freundin war auf einer Party, hat fast nichts getan und jetzt die bessere Note.

Auf einem Geburtstag gibt es ein gigantisches Büfett, und besonders der Nachtisch ist unglaublich gut. Aber morgen ist Strandtag. Also verzichtest du auf den Nachtisch, während deine Freundin sich von dem dekadenten Tiramisu noch eine zweite Schüssel nimmt. Am nächsten Tag zwickt dein Badeanzug, während deine Freundin unglaublich gut aussieht.

Dann ist da diese Familie, die genauso viele Kinder hat wie ihr, die aber nie gestresst zu sein scheint und immer perfekt aussieht.

Oder der Kollege, der kaum arbeitet, nie Überstunden macht, aber der trotzdem viel mehr verdient als du.

Sich ständig zu vergleichen raubt nicht nur die Freude, es ist auch ein Killer für dein Ikigai. Die Wahrheit ist, jeder hat seine Schwierigkeiten.

Bruce Springsteen ist ein unglaublich erfolgreicher Musiker und wird in den USA nur „der Boss“ genannt ... und hat sein ganzes Leben mit Depressionen zu kämpfen.

Steve Jobs ist aus der Firma geflogen, die er selber gegründet hat.

Die Liste könnte ich endlos weiterschreiben.

Wenn du wüsstest, was die Menschen, die du anhimmelst, alles durchgemacht haben, würdest du mit den wenigsten tauschen wollen. All diese Menschen, die du bewunderst, die dich eifersüchtig machen, die dir das Gefühl geben, nicht gut genug zu sein, die haben es genauso schwer. Wir alle haben Leichen im Keller. Die meisten von uns verschwenden unglaublich viel Zeit, diese Schwachstellen zu verstecken.

Wenn du dein Ikigai finden willst, musst du dich entscheiden, deine Begabungen, deine Persönlichkeit, deine Möglichkeiten, dein Leben anzunehmen und lieben zu lernen. Du musst anfangen, „DU“ zu sein.

All diese Gedanken über andere nehmen dir deine Energie, machen dich eifersüchtig und erinnern dich nur daran, was du nicht bist. Und das ist unglaublich langweilig.

Eine bessere Idee, dein Leben zu sehen, ist ...

Du bist der Erste, der es geschafft hat, deine Kinder in deinem Heimatort mit deiner Persönlichkeit großzuziehen.

Kein anderer vor dir ist mit deinen Kollegen so gut klargekommen.

Noch niemand hat jemand dein Leben mit deinen Begabungen und deiner Persönlichkeit bewältigt.

Niemand hatte jemals das Privileg, du zu sein.

Wenn du es schaffst, diesen Blick auf dein Leben einzuüben, brauchst du dich nicht mehr zu vergleichen.

Stimme #5: „Nur was viele Klicks bekommt, lohnt sich"

All my carefully measured metaphor
All my flat nine dominant seven chords
All of my schtick, my lyrical trickery
Will never get as many hits as
‚Kitten Waking Up'. [7]

All meine sorgsam erdachten Metaphern,
All meine melodischen Non-Dominant-Septim-Akkorde,
All mein schtick, meine lyrische Finessen -
werden niemals so viele Klicks bekommen wie „Katzen-
babys am Morgen"

Unter all den vielen Veränderungen, die das Internet in unser Leben gebracht hat, gibt es auch solche, die unserer Seele nicht unbedingt guttun. Eine davon ist unsere Besessenheit, „Klicks" oder „Likes" zu bekommen. Warum ist das ein Problem für unser Ikigai?

Stell dir vor, du hast etwas gefunden, das Menschen hilft. Durch das, was du tust, kommen Menschen zusammen, Kinder lernen wichtige Dinge für ihr Leben oder Obdachlose müssen weniger frieren. Du hast etwas gefunden, das dich ausfüllt und diese Welt besser macht. Zum ersten Mal in deinem Leben hast du das Gefühl, etwas

7 Tim Minchin – YouTube Lament

wirklich Wichtiges zu tun. Es wäre schön für dein Ego und würde dich anspornen, wenn andere bestätigen würden, dass das, was du tust, einen Unterschied macht in dieser Welt. Aber die Aufmerksamkeit bekommen immer die anderen, und unter der Oberfläche brodelt es in dir, dass das, was du tust, ja nicht so wichtig sein kann wie die Aktionen, die die Preise gewinnen, die die Klicks und Likes bekommen.

Frage: Das Gangnam Style Video ist mit über 73.000.000 Views auf YouTube eins der am meisten gesehen Musikvideos. Macht es das besser als eins, das nur 1000 Views hat?

Die Wahrheit lautet: Die Anzahl von „Klicks" und „Likes" sagt wenig bis gar nichts über die Qualität deiner Arbeit aus.

Ich war neulich in Rom und habe ein Bild von meinem Cappuccino und meinem Croissant gepostet. 100 Likes und etliche Kommentare. Eine Woche später hat unsere Jugendgruppe an einer Aktion teilgenommen, bei der, gemeinsam mit Flüchtlingen, über Nacht eine Zeltstadt aufgebaut wurde, um an Flüchtlingscamps in Südeuropa zu erinnern. Sagenhafte vier Likes.

Was zum Problem für dein Ikigai werden kann, ist, wenn du anfängst, dieser Stimme zu glauben, die dir einreden will, dass nur das etwas wert ist, das massenhaft Anklang findet. Vielleicht kannst du ihr, wenn sie sich wieder meldet, diese Geschichten erzählen:

Eine junge Frau, die ich kenne, trifft sich regelmäßig mit Leuten, die einsam sind. Sie ist wahrscheinlich die Einzige, die diesen Menschen wirklich zuhört.

Ein alter Mann aus meiner Kirche macht seit über 40 Jahren einmal die Woche Krankenhausbesuche.

Ein pensionierter Lehrer bringt einem Analphabeten aus Syrien das Lesen und Schreiben bei.

Eine Krankenschwester im Ruhestand arbeitet ehrenamtlich in einer Klinik, wo Menschen ohne Krankenversicherung behandelt werden.

Was hier passiert, wird nie Material für erfolgreiche YouTube Videos liefern, aber bitte sag dieser Stimme, dass das, was hier passiert, wichtiger ist als ein YouTube-Clip mit einem Seehund, der ein Kind ins Wasser zieht.

Stimme #6: „Das Leben ist langweilig"

„Ich habe es satt, blöd im Kreis herumzufahren" (Ich weiß, das habe ich oben schon mal zitiert, aber ist halt ein super Zitat)

Niki Lauda

Als wir vor etlichen Jahren durch die Rocky Mountains von Kelowna nach Vancouver gefahren sind, begann es zu schneien. Das sah hübsch aus, machte das Autofahren auf den immer rutschiger werdenden Bergstraßen aber nicht unbedingt einfacher. Als wir irgendwann ziemlich erschöpft eine Pause einlegten, wachte meine Tochter Jubilee auf (damals 2 Jahre alt), sah den Schnee und rief voller Begeisterung: „Es ist Weihnachten."

Ein paar Jahre später, auf dem Weg zur Schule, lief ich mit meinen beiden Jüngeren durch tiefen Nebel. „Cool!", meinte Lukas. „Die Engel rauchen Zigaretten, die nicht stinken."

Ich hab in Uganda mal zwei kleine Jungs beobachtet, die über zwei Stunden mit einem Stein gespielt haben. Die Geräusche, die sie dabei machten, ließen mich erahnen, dass ihre Steine Autos darstellten.

Kinder sind innovative und neugierige Entdecker. Leider weicht unsere Neugier irgendwann der Langeweile.

Langeweile ist tödlich.

Es gibt nichts Neues zu entdecken.

Die Welt ist halt, wie sie ist.

Noch nie in unserer Geschichte gab es mehr Möglichkeiten, die Welt zu entdecken, sich auszuprobieren und zu erleben.

Ich beginne meinen Konfirmandenunterricht in der Regel mit der Aufforderung, jeweils eine gute und eine weniger gute Erfahrung der vergangenen Woche zu erzählen. Es ist echt schwer, interessante Begebenheiten aus den Teens herauszukitzeln. Entweder ist das Leben meiner Konfis wirklich langweilig, oder sie können sich an keine besondere Erfahrung erinnern.

Bei uns Erwachsenen ist das auch nicht anders.

Ich habe einigen Freunden erzählt, wie meine Frau in Kalabrien mit einem 80-jährigen Opa getanzt hat, wie wir die halbe Nacht mit den Einheimischen zusammen gefeiert haben. Irgendwann kam die Frage, wie es dazu kommt, dass wir solche Dinge erleben. Meine ehrliche Antwort: „Ich habe großes Interesse an Menschen. Ich bin wirklich neugierig, stelle Fragen und bin offen für Neues. Daraus ergeben sich immer wieder spannende Begegnungen. Und diese Begegnungen sind an vielen Tagen mein Grund, morgens aufzustehen."

Stimme #7: „Das klappt sowieso nicht"

„Die Bestie im Menschen, der Zynismus, wird überall da ihr Haupt erheben, wo die natürlichen und berechtigten Forderungen mit Gewalt unterdrückt werden."

Dr. Rudolf Virchow (1821–1902), deutscher Arzt

Zynismus ist genauso tödlich wie Langeweile.

Zynismus ist Langeweile verpackt in scheinbarer Intelligenz.

Der Zyniker hat alles schon mal erlebt und weiß genau, was passieren wird. Er weiß, wie die Welt funktioniert und dass das, was du vorhast, sowieso nicht klappen wird.

Häufig handeln Zyniker aus einer tiefen Verletzung heraus.

Es gab vielleicht mal eine Zeit, in der du Risiken eingegangen bist, dich weit aus dem Fenster gelehnt und geliebt hast, aber es hat nicht geklappt. Es hat wehgetan, ist nicht erwidert worden. Und jetzt verspottest du jeden Versuch von anderen, etwas Neues ausprobieren. „Wie blöd muss man sein, um so ein Risiko einzugehen?!"

Als Angela Merkel ihren berühmten Satz zur Flüchtlingskrise aussprach, „Wir schaffen das!", da wusste der weise Zyniker: „Es ist gar nicht nachgewiesen, ob das klappen kann. So was hat noch nie geklappt. Da sollte man sich unbedingt noch mal überlegen, ob das Risiko nicht viel zu groß ist."

Vielleicht hast du lange mit dir gekämpft, ob du nicht

den ersten Schritt gehen solltest, weil du schon viel zu lange unter der kaputten Beziehung leidest. Jetzt hast du tatsächlich ein paar zarte Ideen, wie man sie eventuell wieder heil machen könnte. Aber bevor du dein Handy auch nur in die Hand nimmst, um den einst so vertrauten Kontakt anzurufen, da meldet sich die Stimme des Zynikers zu Wort: „Wird doch eh nichts!“

Zynismus ist tödlich und erstickt jede Hoffnung auf Veränderung.

Manchmal hilft es, sich gute Gedanken vorzusagen: Wenn dein innerer Zyniker das nächste Mal Wasser auf die kleine Flamme der Hoffnung schütten möchte, dann sag ihm: „Zyniker, du machst mir diese Möglichkeit nicht kaputt. Halt doch einfach mal die Fresse!“

Das ist jetzt nicht besonders freundlich, aber meine Erfahrung ist, dass ich mit meinem inneren Zyniker sehr direkt sein muss, sonst versteht er mich nicht.

Stimme #8: „Alles ist bedeutungslos"

Die größten Menschen sind jene, die anderen Hoffnung geben können.

Jean Jaures

„Das ist doch einfach scheiße. Ich hab alles versucht. Ich weiß einfach nicht mehr weiter." Der Vater, dem ich gerade in einer Kneipe gegenübersitze, hat den Kopf in die Hände gelegt. Wir haben uns die letzten beiden Wochen per Smartphone darüber ausgetauscht, wie man seinem inzwischen erwachsenen Sohn helfen könne, der wieder mal eine Möglichkeit zerstört hatte, sein Leben endlich in eine gute Richtung zu lenken. Mein Freund hat alles probiert, um ihm zu helfen, und war jetzt dabei, die Hoffnung zu verlieren. Nach Zynismus kommt irgendwann nur noch Verzweiflung.

„Ich gebe auf. Was habe ich alles ausprobiert?! Es klappt sowieso nicht. Ich habe nur meine Zeit verschwendet. Nichts funktioniert."

Alles ist bedeutungslos.

Wenn du die Hoffnung verlierst, dann verlierst du Freude, dann verlierst du die Perspektive, dann kannst du keine Möglichkeiten mehr sehen. Dann kommt der Das-klappt-sowieso-nicht-Modus.

Das Interessante war, dass unser Gespräch ein paar Tage vor Ostern stattfand. Ostern dreht sich ja um diese wunderbare Geschichte, die uns unter anderem daran erinnern möchte, dass es immer Hoffnung gibt, weil Gott aus den fürchterlichsten Momenten das Beste machen kann.

Stimmt das auch für meinen Kumpel, der gerade dabei ist aufzugeben?

Als meine Kinder klein waren, haben wir ihnen die Narnia-Geschichten von C.S. Lewis vorgelesen. In dem Land Narnia geht das Gerücht um, dass der Löwe Aslan, der König von Narnia, auf dem Weg ist, um das Land aus der Herrschaft der bösen weißen Hexe zu befreien. Aber bevor er eingreift, müssen die Helden dieser Geschichte, die Geschwister Peter, Susan, Edmund und Lucy ihm den Weg bahnen. Bevor die Kinder sich diesem Abenteuer nicht stellen, wird Aslan nicht eingreifen.

Ich habe die Geschichte meinen Kindern so erklärt, dass wir oft hoffen und erwarten, dass Gott unsere Probleme für uns löst. Aber er möchte, dass wir selbst die Helden in unserer Geschichte sind, und wartet, bis wir an eigenen Lösungen arbeiten. Wenn wir das tun, kommt er dazu und tut seine kleinen und großen Wunder drumherum.

Mein Kumpel und ich haben an diesem Abend keine Lösung mehr gefunden. Aber wir haben viel geredet, und er hat nicht aufgegeben, sondern noch mal etwas ausprobiert. Das Ende ist offen, aber wie aus dem Nichts kam die Hoffnung zurück.

Creatio ex nihilo – Zum Schluss noch mal zurück zum Anfang

Die Bibel beginnt mit diesem poetischen Text von einem Gott, der aus dem Nichts anfängt, Dinge zu erschaffen. In einem Ausbruch von Kreativität entstehen Sterne, Ebbe, Flut, bunte Fische, Obstbäume, deren Früchte auf die Erde fallen und so neue Obstbäume entstehen lassen, Nilpferde und Kaninchen, Tomaten, aus denen man Pizzasoße machen kann, und überall Farben. In diesem Text kommt ein Wort häufig vor. Das Wort „GUT".

Ein anderes Wort kommt dagegen gar nicht vor: „FERTIG".

Mitten in dieser guten, kreativen Welt tauchen auf einmal ein Mann und eine Frau auf. Der Mann heißt Adam (das war auch damals kein normaler Name wie Walter oder Heinz, sondern heißt ganz einfach Mensch) und die Frau Eva (heißt in etwa „Quelle des Lebens"). Die beiden stehen also mitten in dieser bunten Welt und bekommen ihre Berufung, ihr Ikigai, mitgeteilt:

Macht was mit dieser Welt!

Lernt das hier kennen!

Werdet meine Partner, Partner Gottes, und lasst uns das hier zusammen entwickeln.

Genießt diese Welt!

Der Verfasser dieser Geschichte möchte, dass wir wissen, dass Gott uns einlädt, diesen Planeten mit ihm zusammen zu gestalten. Eine wunderschöne, aber noch längst nicht fertige Welt. Du bist berufen, immer wieder neu darüber nachzudenken, was du aus dieser Welt, aus deinem Leben machen möchtest. Das ist eine unglaubliche Einladung. Kannst du glauben, dass die Aufforderung auch dir gilt?

Siehst du dein Leben als etwas, für das du verantwortlich bist, das du kreierst?

Oder ist dein Leben etwas, das dir passiert? In dem du ein Spielball anderer bist?

„Weil meine Eltern mich damals nicht gefördert haben, nehmen jetzt andere an den Olympischen Spielen teil."

„Weil ich damals so einen doofen Job ausgesucht habe, muss ich bis zur Rente warten, bis mein Leben endlich schön wird."

„Weil das Wetter doof ist und ich kein Geld habe, kann ich keinen richtigen Urlaub machen."

Ich habe neulich bei einem Vortrag mal die Frage gestellt, wer morgen in Frührente gehen würde, wenn er beim Gehalt keine Einbußen hinnehmen müsste. Ca. zwei Drittel der Hände gingen hoch. Der Jüngste, der sich meldete, war 12 Jahre alt.

Ich hab am Anfang meinen Freund Bastian erwähnt, der seinen Beruf nicht mehr ausstehen kann. Er muss noch neun Jahre durchhalten.

Apathie, Angst, Bequemlichkeit ... was immer es ist, das ihn dort ausharren lässt – Bastian macht weiter. Leider stellt er sein Leben damit irgendwie auf Stillstand. Muss er weitermachen? Wirklich? Hat er kein Mitspracherecht über sein Leben?

Als ich neulich ein Klagelied darüber anstimmen wollte, wie schwer das Leben ist, hat meine Frau etwas Intelligentes gesagt. Wir hatten gerade eine Phase, in der unglaublich viel los war, und ich fing an mich zu beschweren, dass alles zu viel sei. Wir hatten eine Wohnung zu renovieren, ich hab Konfirmanden auf ihre Entlassung vorbereitet, ein Buchprojekt stand kurz vor dem Abschluss und ich hatte etliche Referentenjobs angenommen, um unsere in Kanada studierende Tochter zu unterstützen. Und meine Frau hatte aus demselben Grund mehr Musikschüler angenommen als sonst.

Als ich also gerade mit meiner absolut berechtigten Klage loslegen wollte, sagte Loretta: „Mal ehrlich: Wir leben genau das Leben, das wir uns ausgesucht haben."

Hat sie recht? Darf ich mitbestimmen, wie mein Leben verläuft? Die Berufungsgeschichte von Adam und Eva deutet zumindest an, dass ich viel mehr Freiheit besitze, als mir vielleicht bewusst ist.

Wir sind berufen, eingeladen, Risiken einzugehen. Du kannst dich für Langeweile, Zynismus und Verzweiflung entscheiden, oder du kannst etwas Neues erschaffen. Ein Partner Gottes sein und diese Erde etwas schöner machen.

Diese Erde.

Dein Leben.

Deine Familie.

Sogar deine Gemeinde.

Deinen Arbeitsplatz.

Oder ganz einfach nur diesen Tag.

Wirst du dieses Geschenk nutzen?